MAÎTRISEZ LES BASES DE LA GRAMMAIRE FRANÇAISE EN MOINS D'UNE HEURE

LES RÉPONSES À TOUTES VOS QUESTIONS… MÊME CELLES QUE VOUS N'OSEZ PAS POSER

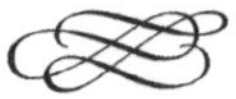

CHRISTELLE MOLON

TABLE DES MATIÈRES

A tous les membres de la communauté qui partagent et font vivre ce projet.
Aux abonnés de la première heure.

COMMENT UTILISER CE LIVRE

CE QUE CE LIVRE N'EST PAS

Avant tout, il me semble important d'énoncer les choses de la manière la plus directe et transparente possible : ce livre n'a **pas** l'ambition d'être exhaustif et il ne contient **pas** l'intégralité des règles de grammaire de la langue française, loin s'en faut, car cela n'est pas son but. Si vous cherchez un manuel de référence pour vous dépanner dans toutes les situations, même les plus rares et exotiques, j'ai bien peur que ce livre ne soit pas fait pour vous. Rassurez-vous, il en existe beaucoup, et de très bonne qualité, mais ce n'est pas l'objet de celui-ci.

CE LIVRE EST PLUTÔT...

... un raccourci vers une compréhension rapide et aisée des bases de la grammaire française (comme son titre l'indique clairement). Il est spécialement conçu pour vous aider à maîtriser rapidement le **vocabulaire de la grammaire**, si l'on peut dire, pour que vous sachiez ce que sont et comment fonctionnent les pronoms, les adverbes et autres COD. Ainsi, lorsque vous serez confronté à l'un de ces termes, que ce soit dans un dictionnaire, pendant un cours donné par un professeur ou dans un livre quel qu'il soit, vous ne serez plus en terrain inconnu et vous ne vous sentirez plus dépassé par l'ampleur de la matière à apprendre.

En grammaire comme dans tout autre apprentissage, il existe des règles de base qui formeront la fondation de tout ce qui sera appris ensuite, et cet ouvrage n'a d'autre objectif que de vous les rendre plus accessibles et de « débroussailler » le terrain.

Si vous choisissez de poursuivre votre lecture, vous aurez le choix entre deux parcours, facilement repérables grâce à ces petites icônes :

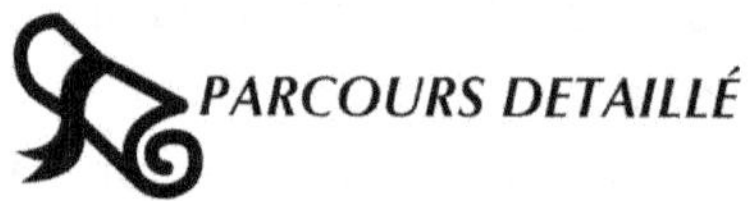

Si vous souhaitez *maîtriser les bases de la grammaire française en moins d'une heure*, lisez simplement les parties précédées du petit bonhomme qui court. Le parcours rapide vous présentera en quelques lignes chacun des concepts à connaître.

Si vous souhaitez creuser un peu certains sujets, lisez tout (parcours rapide ET parcours détaillé). La lecture sera certes plus longue (mais pas beaucoup, car j'ai volontairement gardé le nombre de pages aussi peu élevé que possible pour ne pas en faire un pavé indigeste), mais à la fin vos connaissances excéderont celles de la majorité des personnes que vous pourrez croiser dans votre vie.

Je vous souhaite beaucoup de plaisir dans votre découverte des subtilités et de la beauté de la langue de Molière ! Ou plutôt, de notre langue à tous.

Cordialement,

Christelle Molon, le 5 septembre 2017

ILS L'ONT DIT

Commentaires de clients Amazon sur le recueil « Gramemo - 41 fiches ultra-pratiques pour améliorer immédiatement votre grammaire »

5 étoiles – très utile

"Un livre très utile avec des fiches simples et claire qui permettent de mémoriser mieux et facilement l'orthographe et la grammaire de la langue française. Un grand merci à l'auteur pour son idée géniale. Je conseille ce livre vivement."

5 étoiles – Bravo ! A diffuser partout !!!

"Ce guide est génial pour réviser notre grammaire et notre orthographe.

Son petit format et sa forme synthétique sont parfaits.

Il permet d'apporter des réponses claires aux enfants avides d'orthographe : ma fille de 10 ans le consulte régulièrement !

Vivement le prochain volume !"

5 étoiles – Utile !

"Recueil de fiches grammaticales très bien fait. Clair et précis, juste ce qu'il faut pour comprendre.

Je vais tester les exercices maintenant !"

Commentaires de clients Amazon sur le recueil « Gramemo - 40 fiches ultra-pratiques pour améliorer immédiatement votre grammaire »

4 étoiles – Pratique pour pas cher

"Les fiches permettent avant tout d'améliorer son orthographe, en éliminant des confusions entre homophones grammaticaux. Les petites fiches de résumé sont pratiques et utiles pour des apprenants en FLE !"

5 étoiles – Très bon produit

"Très bien fait utile pour ceux qui veulent se remettre en français. Moi je l'ai utilisé via Kindle et je suis satisfaite car pas de papier à manipuler."

Commentaires de clients Amazon sur le recueil « Gramemo - Coffret 2 livres: DURÉE LIMITÉE Toutes nos fiches de grammaire 2014-2016 enfin réunies»

5 étoiles – Parfait

"Bien rédigé, efficace, peut-être utile en maintes occasions. A avoir sous la main ou à étudier pour rappel des règles."

Quelques commentaires des utilisateurs de Gramemo sur Facebook

« Ces fiches sont excellentes. Claires, précises, elles me facilitent la tâche en classe. Mes élèves adorent. Bravo pour ce travail bien fait. La grammaire devient un jeu d'enfant. Félicitations! continuez, on en demande encore et encore."

— UTILISATEUR FACEBOOK

« Merci à l'excellent Gramemo, un site qu'on aime et qu'on suit ! »

— AMÉLIORER VOTRE FRANÇAIS AVEC LOLA, PAGE FACEBOOK

« Bravo, je partage très bien fait.»

— UTILISATRICE FACEBOOK

« Bravo pour vos petites fiches, aussi claires qu'attractives !»

— GABFLE, PAGE FACEBOOK

« Très intéressant! Merci.»

— UTILISATRICE FACEBOOK

« J'aime beaucoup.»

— UTILISATRICE FACEBOOK

« Gramemo j'adore, je partage ! »

— AMÉLIORER VOTRE FRANÇAIS AVEC LOLA, PAGE FACEBOOK

Déjà plus de 9300 abonnés sur la page Facebook Gramemo. Et vous ?

PREMIÈRE PARTIE — LA PHRASE

Une phrase comporte le plus souvent deux éléments essentiels :
un groupe nominal (sujet) et un groupe verbal. Mais elle peut
prendre de nombreuses autres formes.

QU'EST-CE QU'UNE PHRASE ?

PARCOURS RAPIDE

Une phrase est un **ensemble de mots ayant un sens complet**, c'est-à-dire que la phrase a du sens même si elle est seule. Elle commence par une majuscule et se termine par un point, un point d'interrogation ou un point d'exclamation.

Elle comporte le plus souvent un groupe nominal et un groupe verbal.

LA PHRASE NON-VERBALE

PARCOURS RAPIDE

La phrase non-verbale ne comporte pas de verbe conjugué. Elle peut dans certains cas se limiter à un seul mot.

Exemples : Par ici ! Vite ! Attention à la marche. Là !

PARCOURS DETAILLÉ

Parfois la phrase non-verbale s'organise autour d'un nom, on l'appelle alors **phrase nominale**. On rencontre des phrases nominales dans les slogans, les titres des journaux, les indications théâtrales ou encore les messages d'avertissement.

Exemple : Par ici les prix bas ! Les meilleures offres pour nos clients. Grave accident de la route : deux morts. Alerte aux orages ce week-end. Intérieur jour, dans le salon de la résidence. Interdiction de fumer. Zone interdite.

Dans certains cas la phrase n'est **composée que d'un groupe verbal** (à l'infinitif ou à l'impératif).

Exemples : Venez ! Ne restez pas là ! Mélanger les œufs et le sucre. Préchauffer le four sur thermostat 7.

PHRASE SIMPLE, PHRASE COMPLEXE

Selon le nombre de propositions présentes, la phrase peut être **simple (une seule proposition)** ou **complexe (au moins deux propositions)**.

LA PHRASE SIMPLE :

La phrase simple ne comporte qu'une seule proposition, composée d'un sujet et d'un prédicat, c'est-à-dire ce qui est dit sur le sujet.

La phrase complexe comporte au minimum deux propositions, et par conséquent au moins deux verbes conjugués. Il existe **deux types de phrases complexes** :

- les propositions juxtaposées ou coordonnées : elles sont utilisées dans une même phrase mais gardent une certaine autonomie dans leurs sens respectifs et peuvent être utilisées seules.

Exemple : Marc boit du lait, Mathieu préfère boire du café. Marc boit du lait. Mathieu préfère boire du café.

- les propositions subordonnées : elles dépendent d'une autre proposition, dite proposition principale, et en sont le sujet ou le complément. Nous les étudierons plus en détail à la fin de cette première partie consacrée à la phrase.

LES QUATRE TYPES DE PHRASES

 *PARCOURS RAPIDE*

Il existe quatre types de phrases, qui déterminent la façon dont on s'adresse à son interlocuteur : la **phrase déclarative** (exemple : Je pense qu'il nous ment.), la **phrase impérative** (exemple : Arrête de nous mentir !), la **phrase exclamative** (exemple : Tu mens, comme toujours !) et la **phrase interrogative** (exemple : Pensez-vous qu'il nous dira un jour la vérité ?). Elles se distinguent par leur construction grammaticale et par des intonations différentes à l'oral.

 *PARCOURS DETAILLÉ*

LA PHRASE DÉCLARATIVE :

La phrase déclarative est le type de phrase rencontré le plus fréquemment. Elle peut être affirmative ou négative, et **permet de faire une constatation** ou de donner une information.

Exemples : J'ai rendez-vous chez le médecin aujourd'hui. Le chat n'a pas voulu sortir car il pleuvait.

La phrase impérative (ou injonctive) :

La phrase impérative se termine généralement par un point d'exclamation. Elle sert à exprimer une interdiction ou à donner un ordre ou un conseil.

L'ordre et le conseil peuvent s'exprimer de trois manières :

- par un verbe à l'impératif

Exemple : Viens me voir après le travail !

- par un verbe à la 3e personne du subjonctif (singulier ou pluriel)

Exemples : Qu'il prenne son manteau avant de partir. Qu'ils soient calmes dans la voiture !

- par un verbe à l'infinitif. On s'adresse dans ce cas à une personne indéterminée.

Exemples : Sonner avant d'entrer. Utiliser le frein moteur.

L'interdiction peut s'exprimer de la même façon, mais à la forme négative :

- par un verbe à l'impératif

Exemple : Ne sors plus après 22 heures !

- par un verbe à la 3e personne du subjonctif (singulier ou pluriel)

Exemples : Qu'il ne fasse pas de bruit en rentrant. Qu'ils n'oublient pas leurs affaires dans le train !

- par un verbe à l'infinitif

Exemples : Ne pas ouvrir cette porte. Ne pas marcher sur les pelouses. Ne pas fumer à l'intérieur du bâtiment.

LA PHRASE EXCLAMATIVE :

La phrase exclamative exprime une émotion, un sentiment. Elle se distingue de la phrase déclarative par un point d'exclamation à l'écrit et par une intonation montante à l'oral.

Elle peut être introduite par un mot exclamatif et ne comporte souvent aucun verbe.

Exemples : J'ai encore oublié de renouveler mon abonnement de train ! Quelle chaleur ! Comme il fait chaud ! Encore en retard ! Très doué, ce pâtissier !

LA PHRASE INTERROGATIVE :

La phrase interrogative sert, vous l'aurez deviné, à poser une question. Elle se termine par un point d'interrogation à l'écrit et par une intonation montante à l'oral.

On distingue l'interrogation totale et l'interrogation partielle.

L'INTERROGATION **totale** porte sur l'ensemble de la phrase et appelle une réponse par oui ou par non. On dit que c'est une question fermée.

L'INTERROGATION totale se fait par trois moyens :

- **l'inversion simple** quand le sujet est un pronom personnel, ou quand *ce* est utilisé avec le verbe *être*

Exemples : Avez-vous eu le temps de manger ? Est-ce trop tôt pour en parler ?

- **l'inversion complexe** dans tous les autres cas

Exemples : Ta mère est-elle déjà rentrée de voyage ? L'un d'entre vous peut-il répondre à cette question ?

- **l'interrogation par *est-ce que*,** qui évite d'utiliser l'inversion

Exemples : Est-ce que vous avez eu le temps de manger ? Est-ce que ta mère est déjà rentrée de voyage ?

L'INTERROGATION **partielle** porte sur un élément particulier de la phrase et appelle une réponse par autre chose que oui ou non. On dit que c'est une question ouverte.

Elle se fait grâce à l'utilisation de mots interrogatifs placés en tête de phrase : déterminants (quel, quelle), pronoms (qui, que, lequel) ou adverbes (comment, pourquoi).

Selon les cas, on utilise l'inversion simple ou l'inversion complexe :

- **l'inversion simple** est obligatoire avec *que*, et lorsque *qui, que* et *lequel* sont attributs.

Exemples : Que fais-tu cet après-midi ? Qui êtes-vous pour lui parler de cette manière ? Lequel est le gagnant de la course ?

- **l'inversion complexe** est obligatoire avec *pourquoi* et quand *qui* est COD.

Exemples : Pourquoi est-il arrivé si tard ? Qui le professeur a-t-il choisi d'interroger ?

BON A SAVOIR

On intercale un « t » dans une interrogation si le verbe se termine par une voyelle et que le pronom inversé commence par une voyelle.

Exemples : Pourquoi avance-t-elle si lentement ? A-t-il pensé à vous appeler ?

LES QUATRE FORMES DE PHRASES

PARCOURS RAPIDE

Si la phrase dépend obligatoirement de l'un des quatre types cités dans le chapitre précédent (phrase déclarative, impérative, exclamative ou interrogative), elle peut parfois aussi faire apparaître une *forme de phrase*.

ON DISTINGUE **quatre formes de phrases** : la **négation** (exemple : Je <u>ne</u> suis <u>pas</u> sûre de m'en souvenir encore dans deux semaines.), le **passif** (exemple : Le tableau <u>a été</u> effacé <u>par</u> un élève.), la **forme impersonnelle** (exemple : <u>Il manque</u> des mots dans cette phrase.) et l'**emphase** (exemple : <u>C'est mon cousin qui</u> est notre plombier attitré.).

PARCOURS DETAILLÉ

La négation :

On reconnaît la forme négative grâce à certains ensembles de mots que l'on appelle *marques négatives* : **ne... pas, ne... plus, ne... jamais, ne... rien, personne ne..., rien ne...,** etc.

Les marques négatives encadrent le verbe lorsqu'il est conjugué à un temps simple, ou l'auxiliaire lorsque le verbe est conjugué à un temps composé ou au passif. La marque négative précède un verbe à l'infinitif.

Exemples : Je ne comprends pas. Je n'ai pas compris. Ne jamais faire confiance à un menteur.

Ne... que signifie *seulement* et a donc un sens restrictif.

Exemple : Il n'est resté qu'une heure. (= Il est resté seulement une heure.)

Ne est parfois employé seul, notamment après **aucun, nul, personne** ou **rien,** dans les phrases au **sens hypothétique** ou encore après des verbes comme **pouvoir ou savoir suivis d'un infinitif.**

Exemples : Nul ne peut prédire comment cette histoire finira. Si je ne m'abuse, personne ne vous a invité. Il ne pourra tout apprendre avant l'examen de demain.

Notes :

- **Une double négation équivaut à une affirmation, tout en insistant sur cette dernière.**

Exemple : On <u>ne</u> pouvait <u>pas</u> <u>ne pas</u> remarquer sa nouvelle coupe de cheveux. (= On était obligé de voir sa nouvelle coupe de cheveux car elle sautait aux yeux.)

- *Ne* **est obligatoire dans toute phrase négative comportant un verbe.** Attention à ne pas l'oublier car on ne l'entend pas toujours à l'oral en raison des liaisons.

Exemple : On <u>n'</u>entend presque <u>rien</u> car le micro n'est pas allumé.

<u>LE PASSIF :</u>

VOIX ACTIVE :

On dit d'un verbe qu'il est à la **voix active lorsque le sujet <u>fait</u> l'action.**

Exemples : Le chat mange la souris. Les spectateurs ont applaudi les acteurs présents sur scène.

VOIX PASSIVE :

Un verbe est à la **voix passive lorsque le sujet <u>subit</u> l'action exprimée par le verbe.**

Exemples : La souris est mangée par le chat. Les acteurs présents sur scène ont été applaudis par les spectateurs.

L'action à la voix passive est faite par le complément d'agent, qui est introduit par les prépositions « de » ou « par ».

Exemples : Le repas est suivi <u>d'un spectacle</u>. Il a été traqué <u>par</u> <u>des journalistes sans scrupules</u>.

La voix passive se construit avec l'auxiliaire être et le participe passé du verbe de la phrase à la voix active. Le temps de l'auxiliaire être est celui du verbe à la voix active.

Exemple : Un collègue a retrouvé mon téléphone portable. Mon téléphone portable a été retrouvé par un collègue.

On peut **transformer la voix active en voix passive** à condition que le verbe de la phrase active puisse avoir un COD, qui devient alors sujet de la phrase passive, tandis que le sujet de la phrase active devient le complément d'agent de la phrase passive.

Exemple : Le chat (sujet) mange la souris (COD). La souris (le COD devient sujet) est mangée par le chat (le sujet devient complément d'agent).

ATTENTION : Lorsque le sujet de la phrase active est un pronom personnel, on n'utilise pas la voix passive afin d'éviter des tournures étranges comme : La glace a été mangée par moi.

<u>La forme impersonnelle :</u>

On parle de **forme impersonnelle lorsqu'un verbe a pour sujet le pronom impersonnel « il »**. On distingue deux cas : les verbes impersonnels et les constructions impersonnelles.

<u>A noter</u> : Dans ce cas, « **il » ne renvoie à rien ni à aucune personne** (d'où l'adjectif « impersonnel », vous l'aurez compris), et ne peut pas être remplacé par un autre mot ou groupe de mots.

- **Les verbes impersonnels ne se conjuguent qu'à la troisième personne du singulier avec « il »**. Ce sont généralement des verbes en lien avec la météo: il pleut, il neige. Ils se conjuguent à tous les temps sauf à l'impératif.

Voici quelques exemples de **verbes strictement impersonnels** : pleuvoir, falloir, y avoir, neiger, s'agir (de), etc.

- On appelle construction impersonnelle l'emploi du pronom impersonnel "il" avec un verbe qui n'est pas strictement impersonnel.

Exemple : Il est tombé plus de pluie en une seule nuit qu'en un mois entier habituellement.

Attention : **Les verbes et tournures impersonnels ne prennent pas la marque du pluriel.** On dira donc: « Il manque des pages dans ce journal. » et non pas « ~~Ils manquent~~ des pages dans ce journal », même si l'on parle de plusieurs pages.

L'EMPHASE :

L'EMPHASE en grammaire désigne les deux procédés utilisés pour mettre en relief un élément d'une phrase : l'**extraction** et la **dislocation**.

- L'EXTRACTION MET **en relief un élément en l'entourant de** *c'est... qui* **ou** *c'est... que*. L'élément qui est extrait s'oppose à d'autres éléments implicites que l'on peut deviner (en italique et entre parenthèses dans les exemples suivants). L'extraction a d'une certaine manière une valeur négative.

Exemples : C'est <u>toi</u> que j'aurais dû contacter en premier (*et non cette autre personne que j'ai appelée en premier*). C'est <u>mon livre de physique</u> que j'ai oublié en cours (*et non mon livre de français ou d'histoire*).

D'autres constructions sont également possibles pour l'extraction :

- *voilà/voici... que* et *il y a... que* mettent en relief un complément circonstanciel de temps Exemples : Voilà dejà trois ans que nous avons déménagé. Il y a deux heures qu'il est arrivé.

- *il n'y a que... qui/que* et *c'est... qui/que*

Exemples : Il n'y a que lui qui puisse te répondre. C'est cette personne qui a repris l'épicerie du quartier.

- **L**A DISLOCATION **isole un élément de la phrase et le reprend ou l'annonce par un pronom (personnel ou démonstratif).**

Exemple : Joshua a écrit son premier roman à 17 ans. (phrase de base)

Joshua, il a écrit son premier roman à 17 ans. (le sujet *Joshua* est mis en relief)

Son premier roman, Joshua l'a écrit à 17 ans. (le COD *son premier roman* est mis en relief)

L'ÉLÉMENT isolé est mobile dans la phrase.

Exemple : Son premier roman, Joshua l'a écrit à 17 ans.

Joshua l'a écrit à 17 ans, son premier roman.

LA DISLOCATION PEUT ISOLER les éléments suivants : un **nom ou groupe nominal**, un **groupe introduit par une préposition**, un **pronom ou groupe pronominal**, un **infinitif**, un **adjectif** ou une **proposition subordonnée complétive conjonctive.**

LES PROPOSITIONS

PARCOURS RAPIDE

Une proposition est un ensemble généralement formé d'un groupe verbal et de son propre sujet (parfois implicite).

On distingue les **propositions indépendantes** (qui sont parfois coordonnées ou juxtaposées), les **propositions principales,** et les **propositions subordonnées** (ces dernières pouvant elles-mêmes être conjonctives complétives, conjonctives circonstancielles, relatives, interrogatives indirectes, ou même infinitives et participiales).

Une proposition subordonnée peut dépendre d'une autre proposition subordonnée.

LORSQU'UNE PHRASE **ne comporte qu'une seule proposition, on parle alors de** *phrase simple,* **ou encore de** *modèle grammatical de base.*

LA PROPOSITION INDÉPENDANTE :

UNE PROPOSITION **indépendante** peut exister seule sans que la phrase ne manque de sens.

DEUX PROPOSITIONS **indépendantes peuvent être liées**, soit par **juxtaposition** (elles se suivent alors, uniquement séparées par une **virgule**, un **point-virgule** ou **deux points**), soit par **coordination** (dans ce cas elles sont reliées par une **conjonction de coordination** ou par un **adverbe de liaison**).

Exemples : Elles attendaient ces retrouvailles depuis des années ; elles coururent l'une vers l'autre dès l'instant où elles se virent. (juxtaposition)

Elles attendaient ces retrouvailles depuis des années et elles coururent l'une vers l'autre dès l'instant où elles se virent. (coordination)

COMME CES PROPOSITIONS SONT INDÉPENDANTES, chacune d'entre elles pourrait à elle seule former une phrase :

Elles attendaient ces retrouvailles depuis des années. Elles coururent l'une vers l'autre dès l'instant où elles se virent.

Lorsqu'une proposition dépend **d'une autre proposition, on l'appelle** *proposition subordonnée* **et celle dont elle dépend se nomme** *proposition principale.* On a dans ce cas une *phrase complexe.*

Une subordonnée peut dépendre d'une autre subordonnée qui dépend elle-même d'une principale. Notez bien qu'on ne peut pas utiliser une proposition subordonnée seule, car elle perd son sens sans la principale.

Exemple : Il m'a demandé (proposition principale) ce que je faisais dehors à une heure pareille (proposition subordonnée).

Les différentes propositions subordonnées :

- les propositions subordonnées conjonctives complétives

Elles sont toujours introduites par la conjonction de subordination **que,** et sont le plus souvent COD de verbes tels que penser, croire, estimer, espérer, etc. Plus rarement, elles sont COI et introduites par **à ce que, de ce que.**

Exemples : Je crois qu'il ne viendra pas. J'estime que tu aurais mieux fait de te taire. Je tiens **à ce que** tu participes à cette réunion.

- les propositions subordonnées conjonctives circonstancielles

Elles sont introduites par des **conjonctions de subordination** ou des **locutions conjonctives exprimant le temps, le lieu, la manière, la cause, etc.**

Exemples : Nous partirons dès que les bagages seront prêts. Comme elle ne m'avait pas entendu, j'ai dû l'appeler une seconde fois.

- les propositions subordonnées relatives

ELLES SONT INTRODUITES par un **pronom relatif** (qui, que, quoi, dont, où, auquel, duquel, etc.), et le plus souvent précédées d'un nom ou un pronom que l'on appelle **antécédent**. La subordonnée relative est une expansion du nom et donne des informations sur son antécédent.

Exemple : La maison dont je te parlais se trouve à côté de l'école.

- les propositions subordonnées interrogatives indirectes

ELLES PERMETTENT de **rapporter une question au discours indirect grâce à un verbe introducteur** (demander, interroger, préciser, dire, etc.) **et à un mot interrogatif** (quel, qui, comment, pourquoi, comment, etc.). **Contrairement à l'interrogation directe, elles ne demandent ni l'inversion du sujet ni l'utilisation d'un point d'interrogation.**

Exemples : Je me demande pourquoi il a mis tant de temps à rentrer. Faites-moi savoir si vous comptez venir, à quelle heure et comment vous allez vous organiser pour le voyage.

- les propositions subordonnées infinitives

ELLES COMPORTENT **un verbe à l'infinitif dont le sujet est**

différent de celui de la proposition principale. Elles s'utilisent le plus souvent après des verbes tels que voir, apercevoir, entendre, regarder, faire, laisser, envoyer, etc.

Exemples : Les vaches regardent <u>passer les trains</u>. Les professeurs laissent <u>les enfants se dégourdir les jambes</u> après le long trajet en bus.

- <u>les propositions subordonnées participiales</u>

ELLES COMPORTENT **un verbe au participe passé ou au participe présent et ont un sujet différent de celui de la proposition principale.** Leur fonction est le plus souvent complément circonstanciel de cause, de condition ou de temps.

Exemples : <u>Leurs amis étant partis</u>, Julie et Benjamin se mirent à ranger. <u>Le magasin fermé</u>, il ne put aller faire ses achats et dut trouver une autre solution.

SECONDE PARTIE — LES NEUF CLASSES DE MOTS

Il existe neuf classes (ou catégories) grammaticales, qui définissent la nature du mot. **La nature est fixe et ne varie pas**.

LE NOM (OU GROUPE NOMINAL)

On distingue les **noms communs**, qui désignent un être vivant ou une chose, et les **noms propres**, qui donnent une identité à une personne ou une chose.

Exemples : vache, maison, livre, avion, bonté, culture (noms communs)

Robin, Samuel, Albert Einstein, Coldplay, Paris, Canada, le Rhin, Nutella, Pizza Hut, Amazon, Facebook, Le Monde, Air France (noms propres)

Un groupe nominal est formé d'un nom précédé d'un déterminant, et éventuellement accompagné d'une expansion du nom (adjectif épithète, proposition subordonnée relative, complément du nom, etc.).

 *PARCOURS DETAILLÉ*

<u>Les noms communs</u> :

- Ils sont **le plus souvent précédés d'un article**, mais peuvent aussi être **utilisés seuls**.

Exemples : Il parlait avec <u>fierté</u>. Ils sont <u>professeurs de français</u>.

- Ils ont toujours un **genre défini** (féminin ou masculin) et **varient en nombre** (singulier ou pluriel).

Exemples : un ami (masculin singulier), une amie (féminin singulier), des amis (masculin pluriel), des amies (féminin pluriel)

- **Des mots d'autres classes peuvent être employés comme noms** (adjectifs, mots invariables, pronoms).

Exemples : peser le <u>pour</u> et le <u>contre</u>, s'énerver pour un <u>rien</u>, du grand <u>n'importe quoi</u>, former un <u>tout</u>

<u>Les noms propres</u> :

- Il s'agit des **noms de famille, prénoms, noms géographiques et marques**.

Exemples : <u>Charline</u> a fait ses premiers pas aujourd'hui. <u>Le Mont-Blanc</u> est magnifique en été.

- **Ils commencent par une majuscule.**

- **Ils s'emploient le plus souvent sans article**, mais peuvent aussi en avoir un, même au pluriel. **Les noms propres restent cependant invariables**.

Exemples : Les <u>Legrand</u> viennent nous voir à 16 heures. La revoilà, ma <u>Lorraine</u> natale ! Il n'a toujours conduit que des <u>Ford</u> ou des <u>Toyota</u>.

- ILS ONT SOUVENT **un genre défini**. Il existe des prénoms féminins ou masculins, et les déterminants précédant les noms de pays ou de villes peuvent donner une indication sur le genre de ces derniers.

Exemples : <u>le</u> Mexique, <u>la</u> Russie

<u>A NOTER</u> :

En général, les noms de villes ou pays se terminant par un –e sont considérés comme féminins, les autres comme masculins.

Exemples : la verte Irland<u>e</u>, le vieux Lyo<u>n</u>

LE DÉTERMINANT

Le déterminant précède le nom dans la phrase, il forme avec lui le groupe nominal.

Exemple : <u>Ce</u> garçon est <u>mon</u> ami.

ON DISTINGUE LES **ARTICLES** (EXEMPLES : <u>la</u> ville, <u>une</u> ville), les **déterminants possessifs** (exemple : <u>ma</u> ville), les **déterminants démonstratifs** (exemple : <u>cette</u> ville), les **déterminants indéfinis** (exemple : <u>toute</u> ville), les **déterminants interrogatifs et exclamatifs** (exemple : <u>quelle</u> ville ? <u>quelle</u> belle ville !), et les **déterminants numéraux cardinaux** (exemple : <u>deux</u> villes).

Attention : On dit parfois aussi *adjectif possessif, adjectif indéfini,* etc., mais ce ne sont pas des adjectifs et ils ne se comportent pas comme tels.

LE DÉTERMINANT **s'accorde avec le nom qu'il détermine.**

>> *Reportez-vous à la quatrième partie de ce livre pour en savoir plus sur l'accord du déterminant.*

 *PARCOURS DETAILLÉ*

LES ARTICLES **:**

LES ARTICLES se placent avant le nom et donnent des indications sur son genre et son nombre.

On distingue les **articles définis, indéfinis** et **partitifs**.

- LES ARTICLES DÉFINIS SONT LE, **la** et **les**. Ils sont employés devant des noms précis, dont on a déjà parlé, ou encore pour désigner des choses générales ou abstraites.

Exemples : <u>Le</u> chien du voisin n'aboie jamais. (Ici on sait de quel chien il s'agit grâce au complément du nom "du voisin".)

<u>La</u> réflexion vous mènera plus loin que <u>la</u> violence. (Ici *la violence* et *la réflexion* sont des notions générales.)

Note : A part quelques rares exceptions (exemples : la ouate, le oui, le ouistiti), **le** et **la** deviennent **l'** devant des noms commençant par une voyelle ou un h muet. On dit qu'**ils s'élident**.

Exemples : <u>L'</u>imagination est une qualité précieuse. <u>L'</u>apitoiement sur son propre sort ne sert à rien.

ATTENTION : **L'article se contracte de la manière suivante avec les prépositions** *de* **et** *à* **:**

à + le = au, de + le = du, à + les = aux, de + les = des

- Les article indéfinis sont un, **une** et **des**. Ils sont employés devant des noms dont on n'a pas encore parlé et dont on ne sait encore rien.

Exemples : Une personne a sonné à la porte. Un accident a eu lieu ce matin. Nous avons croisé des cavaliers.

A la forme négative, les articles indéfinis devient **de** ou **d'** devant un nom COD.

Exemples : Il n'y a plus de pain. Il n'y a pas beaucoup d'animation ici.

Note : Quand un adjectif est placé avant le nom, on emploiera de préférence **de** ou **d'** à la place de **des**.

Exemple : Il fait toujours de longs discours.

- Les articles **partitifs** sont **du** (ou de l'), **de la** (ou de l') et **des**. Ils s'emploient devant des noms non-comptables dont on désigne une quantité indéfinie.

Exemples : Ils ont mangé de la pastèque. Il lui a fallu du courage pour accomplir cela.

Note : Les articles partitifs deviennent *de* ou *d'* devant un adverbe de quantité utilisé avec de, ou à la forme négative devant un nom COD.

Exemples : Il a apporté beaucoup de pain. Je n'ai pas récolté de muguet cette année.

Les déterminants possessifs :

Le déterminant **possessif marque** (évidemment) **un rapport de possession** (exemples : ma maison, mon imitation du singe) **ou de proximité morale ou affective** (exemples : mon ami, mon frère, mon professeur).

Le déterminant possessif s'accorde en genre et en nombre avec le nom qu'il précède, et varie selon la personne du possesseur.

Personne(s) qui possède(nt)	Objet(s) possédé(s) masculin(s)	Objet(s) possédé(s) féminin(s)
1ère pers. du singulier	le mien/les miens	la mienne/les miennes
2ème pers. du singulier	le tien/les tiens	la tienne/les tiennes
3ème pers. du singulier	le sien/les siens	la sienne/les siennes
1ère pers. du pluriel	le nôtre/les nôtres	la nôtre/les nôtres
2ème pers. du pluriel	le vôtre/les vôtres	la vôtre/les vôtres
3ème pers. du pluriel	le leur/les leurs	la leur/les leurs

Note : **Les déterminants possessifs féminins ma, ta et sa deviennent mon, ton et son** devant un nom ou adjectif féminin commençant par une voyelle ou par un h muet.

Exemples : mon amie, ton incroyable sculpture, son évidente fatigue

Attention : **On n'emploie pas de déterminant possessif pour désigner les parties du corps, car la notion de possession est sous-entendue. On utilise plutôt un article défini.**

Exemples : J'ai mal à la tête. Il s'est cassé le bras. Il porte sa veste sur l'épaule.

Les déterminants démonstratifs :

Les déterminants démonstratifs sont : **ce/cet, cette** et **ces.**
Ils servent à désigner une personne ou une chose proche

(dans le temps ou l'espace), **dont on vient de parler ou dont on va parler.**

Exemples : A qui est <u>ce</u> chien ? <u>Cette</u> théorie dont je t'ai parlé n'est pas nouvelle.

ON PEUT AJOUTER les **adverbes –ci et –là** au nom qui suit le déterminant démonstratif pour créer une **opposition** (exemple : Tu dois faire un choix entre <u>cette veste-ci</u> et <u>cette veste-là</u>.) ou marquer la **proximité** ou l'**éloignement** (exemples : ces temps-ci, cette année-là).

On peut aussi ajouter –là dans un récit pour insister sur un moment précis.

Exemples : ce soir-là, en ce temps-là

NOTE : **Ce** devient **cet** devant un nom ou adjectif masculin commençant par une voyelle ou par un h muet.

Exemples : <u>cet</u> homme, <u>cet</u> âne, <u>cet</u> enthousiaste joueur

LES DÉTERMINANTS INDÉFINIS :

LES DÉTERMINANTS **indéfinis déterminent le nom de manière peu précise et expriment en général une idée de quantité.**

Ils peuvent désigner :

- une **quantité non précisée** (exemples : plusieurs, quelque(s), divers, différents, la plupart de, peu de, beaucoup de)

- une **absence** (exemples : aucun, pas un, nul). <u>Attention</u> : on doit ici utiliser la négation **ne/n'** (sans **pas**) (exemple : <u>Aucun</u> élève <u>n</u>'a fait le déplacement.).

- la **totalité** (exemples : tous les, tout le, toutes les)

- la **singularité** (exemples : chaque, quelque, tel, tout)

- la **similitude** ou la **différence** (exemples : même, autre)

Les déterminants **indéfinis s'accordent en genre et en nombre avec le nom qu'ils déterminent.**

Note : **Plusieurs, divers** et **différents** n'existent pas au singulier. **Chaque, nul, pas un, plus d'un** et **aucun** n'existent pas au pluriel

Attention: **Aucun** prend exceptionnellement la **marque du pluriel** s'il détermine un nom qui n'a pas de singulier.

Exemple : Aucunes funérailles n'avaient encore été organisées.

Les déterminants interrogatifs et exclamatifs :

Les déterminants **interrogatifs et exclamatifs précèdent des noms sur lesquels on s'interroge ou on s'exclame.**

Exemples : Quel jour sommes-nous ? Quelle belle journée !

Ils s'accordent en genre et en nombre avec le nom sur lequel porte l'interrogation ou l'exclamation.

Exemples : Quel ami ? Quelle amie ? Quels amis ? Quelles amies ?

Les déterminants numéraux cardinaux :

Les déterminants **numéraux cardinaux indiquent une quantité précise ; ce sont des nombres.**

Exemples : J'ai trente-deux ans. Il a déjà visité douze pays différents dont cinq pays d'Europe.

NOTE : **Un** n'est un déterminant numéral cardinal que quand il fait référence à la quantité *un*, par opposition à tous les autres nombres. Dans les autres cas, il s'agit d'un article indéfini.

Exemple : J'ai <u>un</u> chien et deux chats (déterminant numéral cardinal). <u>Un</u> chien aboyait au loin (article indéfini).

LE VERBE

PARCOURS RAPIDE

Le verbe est le pivot autour duquel s'organise la phrase, c'est grâce à lui que l'on sait quel est le sujet, le COD, etc. Il donne des informations sur ce que fait ou est le sujet.

Exemples : Je <u>bois</u> du thé vert. Il <u>est</u> bon.

IL CONSTITUE le noyau du **groupe verbal**, qui peut être composé d'un simple verbe, ou bien inclure le COD, le COI, l'attribut du sujet ou du COD, etc.

Le verbe se compose d'un radical (qui porte le sens) **et d'une terminaison** (qui varie selon le temps, le mode, la personne, etc.). Le radical peut être régulier ou irrégulier.

 *PARCOURS DETAILLÉ*

LE VERBE PEUT **se présenter sous différentes formes : il se conjugue.**

Exemples : Je <u>suis</u> présente aujourd'hui. Je <u>serai</u> présente demain. J'<u>ai été</u> présente toute la semaine.

L'ensemble des formes prises par le verbe représente sa <u>conjugaison</u>.

ON DÉNOMBRE SIX CATÉGORIES, **qui expliquent les formes prises par le verbe** :

- la **personne** (1ère, 2e, 3e personnes du singulier, 1ère, 2e, 3e personnes du pluriel)

- le **nombre** (singulier ou pluriel)

- le **mode** (indicatif, subjonctif, impératif, infinitif, participe ou gérondif)

- le **temps** (exemples : présent, passé simple, imparfait, etc.)

- l'**aspect** (exemples : accompli, inaccompli, global, etc.)

- la **voix** (voix active, voix passive)

LE VERBE PEUT AVOIR une **forme simple** (radical + terminaison) ou une **forme composée** (auxiliaire être ou avoir + participe passé).

Exemples : Je <u>venais</u> (forme simple), je <u>suis venu</u> (forme composée)

LA FORME COMPOSÉE EST DUE **soit à un temps composé** (exemples : passé composé, plus-que-parfait, futur antérieur, etc.), **soit à la voix passive** (tous les temps ont des formes composées à la voix passive).

Exemples : Jean me <u>bouscula</u> (forme simple, voix active). J'<u>ai été bousculé</u> par Jean (forme composée, voix passive).

NOTE : La conjugaison est un sujet bien trop vaste pour être passé ici en revue de manière satisfaisante ; nous y consacrerons prochainement un ouvrage complet, sur le principe de celui que vous êtes en train de lire (parution 2018).

LE PRONOM

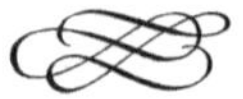

PARCOURS RAPIDE

$\mathcal{L}$e pronom représente le plus souvent un nom ou groupe nominal qui vient d'être cité, évitant ainsi de le répéter.

Exemple : Le professeur explique le cours aux élèves. Il le leur explique. (il = le professeur, le = le cours, leur = aux élèves)

On distingue les **pronoms personnels** (exemples : je, me, leur), les **pronoms démonstratifs** (exemples : celle, celui, celles-là), **possessifs** (exemples : le mien, les tiens), **interrogatifs** (exemples : lequel, quel, qui), **relatifs** (exemples : qui, que, dont) et **indéfinis** (exemples : beaucoup, chacun, tout le monde).

PARCOURS DETAILLÉ

LE PRONOM PEUT AVOIR **les mêmes fonctions que le nom** : **sujet** (exemple : <u>Il</u> est arrivé.), **attribut** (exemple : La prochaine rue est <u>la nôtre</u>.), **complément d'objet** (exemple : Je <u>lui</u> ai demandé son avis.), **complément du nom** (exemple : C'est bien une idée <u>à toi</u> !), **complément circonstanciel** (exemple : Rentrer chez <u>soi</u>.) ou **complément d'agent** (exemple : Il a été félicité par <u>tout le monde</u>.).

LES PRONOMS PERSONNELS :

SELON LA PERSONNE EMPLOYÉE, le pronom personnel représente soit **la personne qui parle** (premières personnes du singulier et du pluriel), soit **la personne <u>à qui</u> on parle** (deuxièmes personnes du singulier et du pluriel), soit **la personne <u>dont</u> on parle** (troisièmes personnes du singulier et du pluriel). Les pronoms personnels à la troisième personne peuvent aussi désigner des choses.

Exemples : Viens avec <u>moi</u> (première personne). J'aimerais <u>vous</u> accompagner (deuxième personne). Elle <u>lui</u> a demandé de faire preuve de prudence (troisième personne). Il prend un livre et <u>le</u> met dans son sac (troisième personne).

LES PRONOMS personnels varient selon leur fonction et selon la personne :

sujet	COD	COI	pronoms renforcés	pronom personnel réfléchi
je	me	me	moi	me
tu	te	te	toi	te
il, elle, on	le, la, en	lui, en, y	lui, elle	se
nous	nous	nous	nous	nous
vous	vous	vous	vous	vous
ils, elles	les	leur, en, y	eux, elles	se, soi

Les **pronoms personnels renforcés** servent à mettre en relief les autres formes du pronom, voire à les remplacer. Ils peuvent aussi être employés seuls.

Exemples : <u>Moi</u>? Je n'ai rien vu. <u>Eux</u> sauront peut-être te répondre.

Les pronoms personnels réfléchis représentent le sujet lorsque le verbe est à la voix pronominale.

Exemples : Je <u>me</u> dépêche. Nous <u>nous</u> préparerons demain matin.

En remplace un nom ou pronom précédé de *de, du, de la, des*. **Y** remplace un nom ou pronom précédé de *à, au, aux*.

Exemples : Je veux avoir <u>du temps libre</u>. J'<u>en</u> veux. Je pense <u>à mon discours de demain</u>. J'<u>y</u> pense.

<u>Les pronoms démonstratifs :</u>

Les pronoms **démonstratifs représentent un être ou une chose que l'on désigne, dont on a parlé ou dont on va parler.**

Exemples : Lequel voulez-vous ? <u>Celui-ci</u> ? Cette porte est <u>celle</u> qui mène au jardin.

LES PRONOMS démonstratifs varient selon le genre et le nombre des êtres ou choses dont on parle.

Masculin	Féminin	Neutre
celui/ceux	celle/celles	ce (c')
celui-ci/ceux-ci	celle-ci/celles-ci	ceci
celui-là/ceux-là	celle-là/celles-là	cela (ça)

Les **formes neutres** représentent les objets inanimés, des verbes à l'infinitif ou des propositions.

Exemples : *Tu as pu venir,* <u>cela</u> me surprend. *Voyager,* <u>c</u>'est ma passion.

LES PRONOMS POSSESSIFS :

LES PRONOMS **possessifs permettent de désigner un objet dont on vient de parler, tout en précisant à qui il appartient. Ils** varient selon la personne du possesseur et selon le genre et le nombre du ou des objets possédés.

Personne(s) qui possède(nt)	Objet(s) possédé(s) masculin(s)	Objet(s) possédé(s) féminin(s)
1ère pers. du singulier	le mien/les miens	la mienne/les miennes
2ème pers. du singulier	le tien/les tiens	la tienne/les tiennes
3ème pers. du singulier	le sien/les siens	la sienne/les siennes
1ère pers. du pluriel	le nôtre/les nôtres	la nôtre/les nôtres
2ème pers. du pluriel	le vôtre/les vôtres	la vôtre/les vôtres
3ème pers. du pluriel	le leur/les leurs	la leur/les leurs

Les pronoms interrogatifs :

LES PRONOMS **interrogatifs permettent de poser des questions**

sur une personne ou une chose, que ce soit par l'interrogation directe ou indirecte. Ils peuvent avoir des fonctions diverses dans la phrase, par exemple sujet, complément d'objet direct, complément d'objet indirect, etc.

Il en existe trois formes : les formes simples, renforcées et composées.

- LES FORMES SIMPLES SONT QUI, **que** et **quoi**, ce dernier étant utilisé après une préposition.

Exemples : Qui êtes-vous ? Que voulez-vous ? De quoi souhaitez-vous parler ?

- A CHACUNE DES formes simples correspond une **forme renforcée** formée avec le verbe être. **Elles ne sont utilisées que pour l'interrogation directe.**

Exemples : Qui est venu ? Qui est-ce qui est venu ?

Que penses-tu de ce livre ? Qu'est-ce que tu penses de ce livre ?

- LES FORMES **composées** varient selon le **genre** et le **nombre** de ce qu'elles représentent :

Masculin	Féminin
lequel/lesquels	laquelle/lesquelles
auquel/auxquels	à laquelle/auxquelles
duquel/desquels	de laquelle/desquelles

Exemples : Duquel de ces films parles-tu ? Je me demande qui est la personne à laquelle tu penses.

<u>**LES PRONOMS RELATIFS :**</u>

LES PRONOMS **relatifs introduisent les propositions subordonnées relatives, tout en les reliant aux propositions dont elles dépendent** (une proposition principale ou une autre subordonnée).

On en distingue deux formes : les pronoms relatifs simples et les pronoms relatifs composés.

- LES PRONOMS **relatifs simples** sont **qui, que, quoi, dont** et **où**. Ils varient selon leur fonction dans la phrase.

Exemples : L'arbre <u>qui</u> a été coupé était malade. Le livre <u>que</u> tu lis a été publié le mois dernier.

- LES PRONOMS **relatifs composés** varient en genre et en nombre selon ce qu'ils désignent, c'est-à-dire leur **antécédent**.

Masculin	Féminin
lequel/lesquels	laquelle/lesquelles
auquel/auxquels	à laquelle/auxquelles
duquel/desquels	de laquelle/desquelles

Exemples : L'homme <u>avec lequel</u> il a parlé est son auteur favori. La vitesse <u>à laquelle</u> ils roulent est beaucoup trop élevée. (Dans ces phrases, *homme* et *vitesse* sont les antécédents des pronoms relatifs).

<u>**LES PRONOMS INDÉFINIS :**</u>

Les pronoms **indéfinis permettent de désigner des personnes ou des choses sans donner de précisions sur leur nombre ou sur leur identité.**

Ils peuvent désigner :

- une **quantité indéfinie** (exemples : plusieurs, beaucoup, la plupart, certains, les uns, les autres)

- une **absence** (exemples : aucun, personne, rien, nul)

- la **totalité** (exemples : tous, tout, tout le monde)

- une **quantité égale à un** (exemples : chacun, quelqu'un, quiconque, quelque chose, n'importe qui, n'importe quoi, quoi que ce soit)

- la **similitude** (exemples : la même, les mêmes)

<u>Notes :</u>

- "**On**" est un pronom indéfini avec la fonction de sujet lorsqu'on peut le remplacer par *tout le monde*. S'il peut être remplacé par *nous*, c'est un pronom personnel (sujet également).

- **Personne** et **quelque chose** demandent un accord au masculin singulier, tandis que **la plupart** appelle le pluriel. Enfin, **quelqu'un de** doit rester au masculin.

Exemples : Personne n'est <u>resté</u>. Quelque chose de <u>grand</u> se préparait. Ta soeur est quelqu'un de très <u>doué</u>.

L'ADJECTIF QUALIFICATIF

L'adjectif qualificatif exprime une qualité de la personne, de l'animal ou de la chose désignée. Il peut être épithète, attribut ou mis en apposition.

Exemples : C'est un endroit magnifique (épithète). Cet endroit est magnifique (attribut du sujet). Magnifique, cet endroit attire toujours de nombreux touristes (apposition).

Il s'accorde généralement **en genre et en nombre avec le nom ou le pronom qu'il qualifie.**

>> Reportez-vous à la quatrième partie de ce livre pour en savoir plus sur l'accord de l'adjectif qualificatif.

LES FONCTIONS DE L'ADJECTIF :

Il est **épithète** s'il précède ou suit directement le nom.

Il est **attribut du sujet ou du COD** s'il est introduit par un verbe attributif.

Il est **mis en apposition** s'il est séparé du nom ou pronom qu'il qualifie par une virgule.

>> Reportez-vous à la troisième partie de ce livre pour en savoir plus sur ces trois fonctions.

LES ADJECTIFS RELATIONNELS :

Certains adjectifs n'expriment pas une qualité du nom ou pronom, on les appelle adjectifs relationnels. Ils ne peuvent pas être qualifiés par un adverbe ni être attributs.

Exemples : une carte bancaire, une centrale nucléaire, la circulation aérienne

(On ne peut PAS dire « une carte très bancaire » ni « la circulation devenait aérienne ».)

LA PLACE DE L'ADJECTIF :

- Il se place **le plus souvent après le nom**, mais peut dans certains cas se placer avant, par exemple si le nom est suivi d'un complément.

Exemple : une grande table de cuisine

- **Attention : Certains adjectifs peuvent changer de sens selon leur place avant ou après le nom.**

Exemples : une grande personne (= un adulte) / une personne grande (= de grande taille)

un vieil ami (= un ami de longue date) / un ami vieux (= âgé) un certain temps (= relatif) / un temps certain (= indiscutable)

une simple question (= une seule) / une question simple (= facile)

COMPARATIF ET SUPERLATIF :

- La qualité exprimée par l'adjectif peut être d'un degré plus ou moins élevé. Pour la caractériser plus précisément, on utilise le comparatif et le superlatif.

- LE COMPARATIF PEUT INDIQUER la **supériorité** (plus... que), l'**égalité** (aussi... que) ou l'**infériorité** (moins... que).

ATTENTION : Les adjectifs *bon, mauvais* et *petit* ont des comparatifs de supériorité irréguliers. *Bon* devient *meilleur, mauvais* devient *pire* (ou *plus mauvais* dans la langue courante) et *petit* devient *moindre* (ou *plus petit* dans la langue courante).

- LE SUPERLATIF **relatif exprime le plus haut** (le plus... de) **ou le plus bas degré** (le moins... de) **d'une qualité par rapport à un ensemble.**

Exemple : Jean est le plus petit de sa classe.

ATTENTION : Les adjectifs *bon, mauvais* et *petit* ont des superlatifs relatifs irréguliers. *Bon* devient *le meilleur, mauvais* devient *le pire* (ou *le plus mauvais* dans la langue courante) et *petit* devient *le moindre* (ou *le plus petit* dans la langue courante).

- LE SUPERLATIF **absolu exprime le plus haut degré d'une qualité grâce à l'adverbe** *très* **(ou un synonyme comme** *extrêmement, particulièrement, excessivement).*

Exemples : Cet élève est très intelligent. Ce cheval est extrêmement rapide.

<u>- NOTE</u> : En raison de leur sens, certains adjectifs n'ont ni comparatif ni superlatif.

Exemples : premier, dernier, unique, infini

<u>LES COMPLÉMENTS</u> du comparatif et du superlatif :

- Le comparatif a toujours un complément, introduit par *que***.**

Exemple : Je suis <u>moins rapide</u> <u>que</u> lui.

- Le superlatif relatif peut avoir un complément, introduit par *de***, mais ce n'est pas obligatoire.**

Exemple : Elle est <u>la meilleure</u> <u>de sa catégorie</u>. Ils sont <u>les pires</u>.

- Le superlatif absolu n'a jamais de complément.

Exemple : Cette route est <u>particulièrement longue</u>.

L'ADVERBE

PARCOURS RAPIDE

Les adverbes servent à préciser ou modifier le sens des éléments qu'ils accompagnent :

– des **verbes** : Nous avons bien mangé.

– des **adjectifs** : Elle est très cultivée.

– d'**autres adverbes** : Il a couru assez vite.

– des **propositions** ou **phrases complètes** : Prudemment, il a traversé la rue.

Ils donnent des précisions sur le lieu, la quantité, le temps, ou encore la manière, et sont généralement **facultatifs. Ils sont toujours invariables.**

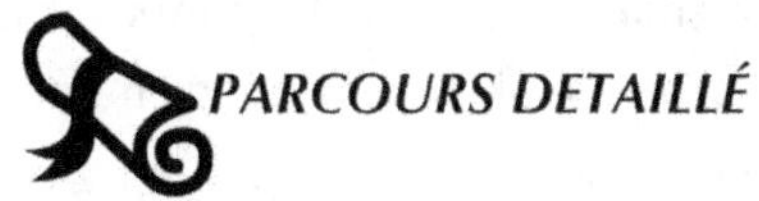

PARCOURS DETAILLÉ

– Accord **:**

L'adverbe est toujours invariable, sauf « tout » lorsqu'il est employé avec un adjectif féminin commençant par une consonne ou un h aspiré.

Exemples : Elle est tout émue. (et non pas : toute émue, car l'adjectif « émue » commence par une voyelle)

Elles sont toutes contentes (= très contentes).

– Les différents adverbes :

Globalement, on peut dire qu'il existe deux types d'adverbes : ceux qui se terminent par -ment, et les autres.

– Les adverbes **qui se terminent par** -**ment** sont généralement formés en ajoutant -ment à un adjectif au féminin.

Exemples : grande/grandement, forte/fortement, longue/longuement.

Exception : Quand l'adjectif au masculin se termine par -é, -i ou -u, on place -ment après l'adjectif au masculin et non au féminin.

Exemples : joli/joliment, aisé/aisément, goulu/goulûment.

A noter : certains adverbes en -ment n'ont pas été formés à partir d'adjectifs.

Exemples : quasi/quasiment, bougre/bougrement.

Les adjectifs qui se terminent par -ant et -ent produisent des adverbes en -amment ou -emment respectivement (mais tous les deux se prononcent de la même manière : -amment).

Exemples : apparent/apparemment, courant/couramment.

– Les autres adverbes sont soit des mots venus du latin ou de l'époque romane (bien, mal, plus, quand, mieux, tant, tard, très, avant, jamais, derrière, demain, assez, etc.), soit des adjectifs utilisés comme adverbes (et dans ce cas ils sont invariables : Ces parfums sentent bon. Elle peut chanter très haut.), soit des ensembles de mots ou locutions adverbiales (à présent, en général, à l'inverse, de fait, etc.), qui peuvent être des emprunts à d'autres langues (in extremis, in extenso, fissa, cash, etc.).

Pour finir, n'abusez pas trop des adverbes, qui ont tendance à alourdir le texte s'ils sont trop nombreux !

LA PRÉPOSITION

Les prépositions sont des mots invariables qui relient des mots dans une phrase tout en donnant des indications sur la fonction de ces mots.

Exemples : à, de, par, pour, comme, avec, etc.

LES PRÉPOSITIONS FORMÉES de plusieurs mots sont appelées **locutions prépositionnelles**.

Exemples : grâce à, à côté de, au-dessus de, hors de, par rapport à, etc.

Une préposition peut relier :

- **deux noms** (exemples : le chat <u>de</u> ma mère, la maison <u>à</u> côté <u>de</u> la boulangerie)
- **un verbe et un nom** (exemples : jouer <u>au</u> tennis, participer <u>à</u> une réunion, se comporter <u>comme</u> un fou)
- **un verbe et un pronom** (exemples : parler <u>de</u> quelqu'un, ne s'entendre <u>avec</u> personne)
- **deux verbes** (exemples : argumenter <u>pour</u> convaincre, parler <u>pour</u> ne rien dire).

Les prépositions peuvent indiquer les fonctions suivantes :

- **complément du nom** (exemples : le cours <u>de</u> français, la salle <u>de</u> classe)
- **complément d'objet indirect** (exemples : Je parle <u>avec</u> mon frère. Il a posé une question <u>au</u> professeur.)
- **complément circonstanciel** (exemple : Je t'attends <u>sur</u> le quai <u>pour</u> prendre le TGV <u>vers</u> Paris.)
- **complément d'agent** (exemple : Le chauffard a été intercepté <u>par</u> les forces de l'ordre.)

>> *Reportez-vous à la troisième partie de ce livre pour en savoir plus sur les différentes fonctions.*

Une même préposition, comme *de* par exemple, peut indiquer plusieurs fonctions différentes.

Note : **Attention à ne pas confondre certains adverbes et certaines prépositions qui ont la même forme** (exemples : depuis, devant, derrière, etc.). Pour les distinguer, retenez que les prépositions ne peuvent pas être utilisées seules, en particulier en fin de phrase, contrairement aux adverbes.

Exemples : Il marche <u>devant</u> moi. Il est assis <u>derrière</u> le chauffeur du bus. (prépositions)

Il marche loin <u>devant</u>. Il préfère s'asseoir <u>derrière</u>. (adverbes)

LA CONJONCTION

PARCOURS RAPIDE

*L*es conjonctions sont des mots invariables qui relient des mots, des propositions ou des phrases.

Il existe les **conjonctions de coordination** (mais, ou, et, donc, or, ni, car) et les **conjonctions de subordination** (exemples : que, quand, comme, si, quoique, puisque, bien que, parce que, avant que, après que, etc.).

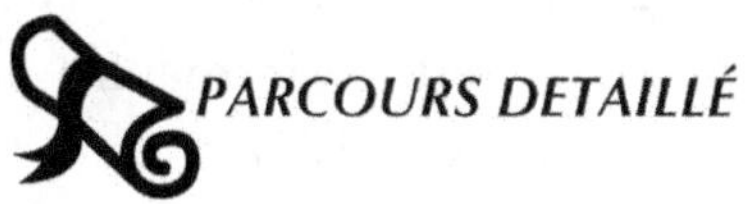

PARCOURS DETAILLÉ

Les conjonctions de coordination :

Elles sont au nombre de sept : **mais, ou, et, donc, or, ni, car**. Elles servent à relier :

- **des phrases** (exemple : J'aime aller au cinéma. Mais je n'aime pas devoir subir toutes les publicités qui précèdent le film.)
- **des mots ou groupes de mots de même fonction** (exemple : Il n'a préparé ni son sac ni ses vêtements pour demain.)
- **des propositions de même nature** (exemples : Il a terminé sa prestation et le public l'a applaudi. J'apprécie les gens qui sont honnêtes et qui n'ont pas peur d'aller au bout de leur réflexion.).

<u>Les conjonctions de subordination :</u>

Les conjonctions de subordination formées de plusieurs mots sont appelées **locutions conjonctives**.

Exemples : bien que, parce que, après que, à condition que

Les conjonctions de subordination servent à relier une proposition subordonnée et une proposition principale (ou une autre proposition subordonnée). Lorsqu'une proposition subordonnée est introduite par une conjonction de subordination, on la nomme *proposition subordonnée conjonctive*.

La conjonction **que** sert à introduire des propositions subordonnées conjonctives ayant la fonction de COD.

Exemples : J'espère que tu pourras rentrer tôt du travail. Il prétend qu'il n'est pas à l'origine de l'accident.

LES AUTRES CONJONCTIONS **de subordination introduisent les propositions subordonnées conjonctives circonstancielles.**

Exemple : <u>Si vous voulez nous rendre visite</u>, appelez-nous !

NOTE : Pour éviter de répéter une conjonction de subordination, on peut la remplacer par *que*.

Exemple : <u>Si</u> vous avez faim et <u>que</u> vous voulez manger, vous trouverez un restaurant dans cette direction.

>> *REPORTEZ-VOUS À la première partie de ce livre pour en savoir plus sur les différentes propositions subordonnées.*

L'INTERJECTION

PARCOURS RAPIDE

L'interjection est un mot invariable qui forme à lui seul une phrase. On parle alors de **mot-phrase.**
Exemples : Allô ? Zut ! Bonjour. Chut ! Stop ! Mince.

ELLE EST UTILISÉE **le plus souvent à l'oral.**

PARCOURS DETAILLÉ

ON DISTINGUE **trois types d'interjections : celles destinées à un interlocuteur** (exemples : Allô ? Bravo ! Bonsoir ! Halte ! Au revoir.), **celles utilisées par celui qui parle pour exprimer une**

émotion ou un sentiment (exemples : Mince ! Zut ! Oh non ! Ben voyons…), et **les onomatopées**, qui permettent d'imiter un bruit (exemples : Tic tac, plouf, boum).

Lorsqu'elles comportent plusieurs mots, on parle de **locutions interjectives**.

Exemples : au revoir, bonté divine, du calme, bon appétit

L'interjection peut être formée à partir d'**un nom ou groupe nominal** (exemples : Santé ! Chapeau !), d'un **adjectif ou groupe adjectival** (exemple : Tout doux !), d'un **groupe prépositionnel** (exemple : A la bonne heure !), d'un **verbe** (exemples : Voyons ! Allons !), d'un **adverbe** (exemple : Bien !) ou d'une **phrase figée** (exemple : Sauve qui peut !).

Le sens d'une interjection peut varier selon le contexte. Par exemple, « ah ! » peut indiquer la douleur, la surprise, la peur, la compréhension, etc.

TROISIÈME PARTIE — LES FONCTIONS

Un mot peut avoir différentes fonctions dans une phrase : sujet, attribut, complément d'objet, complément circonstanciel, complément du nom, épithète ou apposition.

QU'EST-CE QU'UNE FONCTION ?

PARCOURS RAPIDE

La fonction est le rôle que joue un mot (ou un groupe de mots) dans une phrase.

PARCOURS DETAILLÉ

Des mots de même nature peuvent avoir des fonctions différentes, et à l'inverse, des mots de natures différentes peuvent avoir la même fonction.

Exemples : Mon frère est chirurgien. Mes parents viennent demain, ils arriveront vers 17 heures.

Dans la première phrase, *frère* et *chirurgien* ont la même nature, puisque ce sont des noms, mais *frère* est sujet tandis que *chirurgien* est attribut du sujet.

Dans la seconde phrase, *mes parents* et *ils* ont la même fonction (sujet) mais leurs natures sont différentes : *mes parents* est un groupe nominal tandis que *ils* est un pronom personnel.

LE SUJET

PARCOURS RAPIDE

*L*e sujet est l'être (ou la chose) qui fait ou subit l'action **décrite par le verbe** ou, dans le cas d'un verbe d'état, le sujet est dans l'état évoqué par le verbe. On peut l'identifier facilement en se posant la question « qui est-ce qui » ou « qu'est-ce qui », suivie du verbe de la phrase concernée.

Exemple : Ce livre ancien a disparu pendant près d'une décennie.

Qu'est-ce qui a disparu ? Ce livre ancien.

Ce livre ancien est donc le sujet de la phrase.

LE VERBE s'accorde en personne (1ère, 2ème, 3ème) et en nombre (singulier ou pluriel) avec le sujet.

>> Reportez-vous à la quatrième partie de ce livre pour en savoir plus sur l'accord du verbe.

LES MOTS suivants peuvent être sujets :

- un **nom** ou un **groupe nominal** (exemple : Pierre vient d'arriver.)
- un **pronom** (personnel, relatif ou autre) (exemple : Il vient d'arriver en train.)
- un **infinitif** (exemple : Dormir semblait en tête de la liste de ses priorités.)
- une **proposition relative** (exemple : Qui sème le vent récolte la tempête.)
- une **proposition subordonnée conjonctive** (exemple : Que tu te dépêches un peu serait une bonne idée.)

CERTAINS MOTS **ne peuvent être que sujets** : les pronoms personnels *je, tu, il/elle, ils/elles* et le pronom *on*.

LE SUJET (S) est le plus souvent placé à gauche du verbe (V), juste avant ce dernier. Il faut cependant tenir compte de certaines exceptions :

- le verbe peut se trouver éloigné du verbe ;

Exemple : La petite fille (S), emportée par la foule après un moment d'inattention, apeurée et en pleurs, ne sachant plus que faire, hurlait (V) le nom de sa mère.

- le verbe et le sujet peuvent être inversés (dans une

interrogation simple, après certains adverbes, dans une incise ou pour des raisons de style notamment) ;

Exemples : <u>Es</u> (V)-<u>tu</u> (S) prêt à entendre la fin de l'histoire ? Sans doute <u>avait</u> (V)-<u>il</u> (S) besoin de repos. « J'arrive ! », <u>hurla</u> (V) <u>le gentilhomme</u> (S). Doucement <u>tombe</u> (V) <u>la neige</u> (S) et <u>voltigent</u> (V) <u>les flocons</u> (S).

- le sujet peut être sous-entendu.

Exemple : <u>Les élèves</u> (S) <u>apporteront</u> (V) leur matériel le jour de la rentrée, <u>se rassembleront</u> (V) dans la cour et se <u>présenteront</u> (V) devant leur professeur dès la première sonnerie.

L'ATTRIBUT

On distingue **deux types d'attributs** : **l'attribut du sujet** et **l'attribut du complément d'objet direct (COD)**. L'attribut donne une information sur le sujet ou le COD dont il dépend grâce à un verbe attributif. On pourrait mettre le signe = entre le sujet / COD et son attribut.

Exemple : L'enfant est endormi. Enfant = endormi

L'adjectif attribut s'accorde en genre et en nombre avec le sujet ou le COD.

L'ATTRIBUT DU SUJET :

Il se place généralement après le verbe.

Les mots suivants peuvent être attributs du sujet :

- un **adjectif** ou un **participe passé** employé comme adjectif (exemples : Ce livre est passionnant. Tu me parais épuisé.)

- un **nom** ou un **groupe nominal** (exemple : Jean est devenu cuisinier.)

- un **pronom** (exemple : Cette maison sera bientôt nôtre.)

- un **infinitif** (exemple : Le plus important est de s'entraîner.)

- une **proposition** (exemple : Le plus fou est qu'ils aient cru à cette histoire.)

L'attribut du COD :

Il ne fait pas partie du groupe COD.

Les mots suivants peuvent être attributs du COD :

- un **adjectif**, un **adjectif verbal** ou un **participe passé** employé comme adjectif (exemples : Il le pensait plus amical. Tu juges ce chien trop remuant. Je le trouve changé.)

- un **nom** ou un **groupe nominal** (exemple : Il faut appeler un chat un chat.)

- un **groupe prépositionnel** (exemple : Elle se prend pour ma mère.)

- un **infinitif** ou **groupe infinitif** (exemple : On ne peut pas appeler cela chanter à l'unisson.)

- un **adverbe employé comme adjectif** (exemple : J'ai trouvé très bien ce nouveau parc d'attractions.)

- une **subordonnée relative attributive** (exemple : J'ai le cœur qui bat la chamade.)

Note : Lorsque le COD et l'attribut du COD suivent le verbe, il vaut mieux placer l'attribut du COD avant celui-ci si le COD est très long.

Exemple : J'estime trop long le temps qu'il a mis à réagir après l'avertissement des pompiers.

On appelle **verbe attributif** tout verbe qui sert à relier un attribut avec un sujet ou un COD.

Dans le cas de l'attribut du sujet, ces verbes peuvent être des **verbes d'état** (exemples : être, sembler, devenir, rester, paraître), des **locutions verbales** (exemples : avoir l'air, passer pour), certains **verbes au passif** (exemples : être considéré comme, être élu, être nommé, être désigné comme), **intransitifs** (exemples : naître, tomber) ou **pronominaux** (exemples : se révéler, se montrer).

Dans le cas de l'attribut du COD, ils peuvent être des **verbes exprimant une opinion** (exemples : croire, trouver, estimer, juger), ou des **verbes exprimant un choix, une nomination ou encore une transformation** (exemples : faire, rendre, élire, nommer, prendre comme).

LE COMPLÉMENT D'OBJET

 *PARCOURS RAPIDE*

Le complément d'objet (CO) est **la personne, la chose ou l'animal sur lequel porte l'action du verbe**. Il se place généralement après le verbe.

On distingue les **compléments d'objet directs**, les **compléments d'objet indirects** et les **compléments d'objet seconds**.

PARCOURS DETAILLÉ

LES MOTS (ou groupes de mots) qui peuvent être compléments d'objet sont les suivants :

– un **nom** ou **groupe nominal** (Exemple : Elle a acheté <u>un livre</u> (COD).)

– un **pronom** (Exemple : Je <u>lui</u> (COI) avais dit de faire attention.)

– un **infinitif** (Exemple : Les enfants voudraient <u>manger</u> (COD) maintenant.)

– une **proposition subordonnée** (Exemple : Je pense <u>qu'il dit vrai</u> (COD).)

Le complément d'objet se place généralement <u>après le verbe</u>. On peut cependant le trouver <u>avant le verbe</u> :

– dans les phrases interrogatives dont la question porte sur le CO (Exemple : <u>Quel film</u> (COD) est passé à la télévision hier soir ?)

– quand il est pronom personnel ou pronom relatif (Exemple : Je <u>lui</u> (COS) ai vendu <u>ma voiture</u> (COD).)

– quand il est mis en relief en tête de phrase (Exemple : <u>Lire</u> (COI), je ne m'en lasse pas.)

Le **<u>complément d'objet direct</u>** ajoute du sens au verbe directement, sans utiliser de préposition. Il répond aux questions : qui ? quoi ?

Exemple : J'aime mes parents (COD).

J'aime qui ? Mes parents.

Le **<u>complément d'objet indirect</u>** complète lui aussi le sens du verbe, mais il se joint à ce dernier par l'intermédiaire d'une préposition. Il répond, selon le sens du verbe, aux questions : à qui ? à quoi ? de qui ? de quoi ? pour qui ? pour quoi ?, etc.

Exemple : Je téléphone à mon frère (COI).

Je téléphone à qui ? A mon frère.

Le **<u>complément d'objet second</u>** est un COI dont le verbe est déjà accompagné d'un autre complément d'objet. Il n'est pas forcément placé en seconde position et peut parfaitement précéder un COD.

Exemple : Je leur (COS) ai dit merci (COD).

LES COMPLÉMENTS CIRCONSTANCIELS

PARCOURS RAPIDE

Les compléments circonstanciels (CC) donnent une indication sur une circonstance qui se rapporte au sujet ou à l'action du verbe. Ils répondent aux questions **où ?, quand ?, comment ?, pourquoi ?, combien ?, avec qui ?, avec quoi ?, etc. posées sur le verbe.**

Exemples : Il a voyagé <u>en train</u> (CC de moyen) <u>pendant huit heures</u> (CC de temps) <u>pour aller voir sa famille</u> (CC de but) <u>en Espagne</u> (CC de lieu).

LA PLUPART de compléments circonstanciels n'ont pas de place fixe dans la phrase et peuvent être déplacés.

Exemple : Il a parlé de leur première rencontre <u>avec nostalgie</u> (CC de manière).

<u>Avec nostalgie</u>, il a parlé de leur première rencontre.

Il a parlé, <u>avec nostalgie</u>, de leur première rencontre.

LES COMPLÉMENTS circonstanciels peuvent exprimer notamment le **lieu**, la **manière**, le **temps**, le **moyen**, la **cause**, la **conséquence**, le **but**, la **condition**, la **comparaison**, l'**opposition**, la **concession**, le **prix**, le **poids** et l'**accompagnement**.

LES MOTS qui peuvent être des compléments circonstanciels sont les suivants :

– un **nom** ou **groupe nominal** (Exemple : Je viendrai vous voir avec les enfants. – CC d'accompagnement)

– un **pronom** (Exemple : Il a fait tout cela uniquement pour lui-même. – CC de cause)

– un **infinitif** (Exemple : Il accélère pour prendre la tête de la course. – CC de but)

– un **gérondif** (Exemple : Il s'est blessé en tombant. – CC de manière)

– un **adverbe** (Exemple : Elle avance prudemment. – CC de manière)

– une **proposition participiale** (Exemple : La pluie ayant cessé, ils ont pu rentrer chez eux. – CC de cause)

– une **proposition subordonnée conjonctive** (Exemple : Nous nous reverrons quand vous reviendrez de voyage. – CC de temps)

NOTES :

- **La plupart des compléments circonstanciels sont introduits par une préposition,** sauf certains compléments de temps (exemple : La rentrée des classes a eu lieu ce matin.), certains compléments de manière (exemple : Il parle toujours très fort.) ou certains infinitifs compléments de but employés après un verbe de mouvement (exemple : Venez vous reposer.).

- Pour éviter de confondre CC et COD, rappelez-vous que le complément d'objet direct répond aux questions *qui ?* et *quoi ?*

LE COMPLÉMENT DU NOM

Le complément du nom est un nom ou un groupe nominal qui précise le sens d'un autre nom, le plus souvent par l'intermédiaire d'une préposition comme de, à, pour, en. Il répond à la question *quel / quelle* ?

Exemples : un ami <u>d'enfance</u>, un complément <u>du nom</u> (!), une table <u>en bois</u>

Le complément du nom est une **expansion du nom** ; il complète le nom mais peut être supprimé sans que la phrase ne perde son sens.

LES MOTS qui peuvent être des compléments du nom sont les suivants :

– un **nom** ou **groupe nominal** (Exemples : le chat du voisin, la spécialité du boulanger, le discours du maire)

– un **pronom** (Exemple : C'est une idée à toi, j'imagine !)

– un **infinitif** (Exemples : la soif de vaincre, le mot pour rire, l'envie de partager)

– un **adverbe** (Exemple : les coutumes de jadis, le mot de trop)

– une **proposition subordonnée relative** (Exemples : l'histoire dont on a parlé, l'ami que je t'ai présenté hier)

– une **proposition subordonnée conjonctive complétive** (Exemple : Il a depuis toujours le rêve qu'il pourra changer le monde.)

NOTES :

- **Dans certains cas la préposition n'est que sous-entendue.**

Exemples : l'avenue De Gaulle (l'avenue du nom de De Gaulle), une assurance habitation (une assurance pour l'habitation), une journée détente (une journée de détente)

- **Un complément du nom peut lui-même avoir un complément du nom.**

Exemple : le lecture de livres de fiction (*livres* est un complément du nom *lecture, fiction* est un complément du nom *livres*)

L'ÉPITHÈTE

Une épithète sert à donner une information sur un nom sans l'intermédiaire d'un verbe ou d'une **virgule.** Elle s'accorde en genre et en nombre avec le nom auquel elle se rapporte (sauf dans le cas d'un adverbe).

Exemples : un <u>gros</u> chat, un pull <u>gris</u>

L'ÉPITHÈTE EST une **expansion du nom** ; elle complète le nom mais peut être supprimée sans que la phrase ne perde son sens.

L'ÉPITHÈTE EST la plupart du temps un **adjectif qualificatif** et se place **directement avant ou après le nom**.

Cependant l'épithète peut aussi être :

- un **participe passé employé comme adjectif** (exemple : des paroles mesurées)

- un **adjectif verbal** (exemple : un commentaire mordant)

- un **adverbe** (exemple : des gens bien)

Attention : Les adverbes sont invariables et ne s'accordent donc pas, même s'ils sont épithètes.

NOTE : Parfois l'épithète se rapporte à un pronom indéfini, dans ce cas elle peut être précédée d'une préposition que l'on appelle *explétive*, car elle n'a pas de valeur et pourrait être supprimée.

Exemples : quelqu'un de bien, rien de spécial, quelque chose de lourd

L'APPOSITION

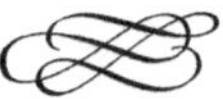

L'apposition complète un nom ou un pronom en apportant sur lui des informations supplémentaires. Elle suit ou précède le nom ou pronom en question, séparée par une virgule à l'écrit et par une pause à l'oral.

Exemple : Mon père, <u>instituteur depuis 35 ans</u>, va bientôt prendre sa retraite.

L'APPOSITION EST une **expansion du nom** ; elle complète le nom mais peut être supprimée sans que la phrase ne perde son sens.

L es mots (ou groupes de mots) qui peuvent être mis en apposition sont les suivants :

– un **nom** ou **groupe nominal** (Exemple : Ce chat, animal méfiant et peureux, a longtemps vécu dans un refuge.)

– un **pronom** (Exemple : Il ne restait plus qu'une personne dans la pièce, toi.)

– un **infinitif** (Exemple : Ce chat ne pense qu'à une chose, manger.)

– un **participe** (Exemple : Unis dans l'effort, les athlètes faisaient front sans mot dire.)

– un **adjectif qualificatif** (Exemple : Immense, le nouveau professeur impressionnait ses élèves.)

– une **proposition subordonnée relative** (Exemple : Les trois amis, qui s'était donné rendez-vous la veille, se retrouvèrent au restaurant.)

N ote : Pour les **noms de villes** (exemple : la ville de Metz) ou les **noms de mois** (exemple : le mois de décembre), l'apposition est précédée de la préposition « de ». *Metz* et *décembre* ne sont pas ici des compléments du nom mais des appositions car Metz = ville et décembre = mois.

QUATRIÈME PARTIE — LES ACCORDS

Les adjectifs qualificatifs, les déterminants, les participes passés et les verbes sont des mots dont les formes varient en fonction du genre et du nombre des mots dont ils dépendent, mais aussi en fonction d'autres critères comme leur position dans la phrase.

L'ACCORD DE L'ADJECTIF QUALIFICATIF

Quelles que soient sa place et sa fonction, l'adjectif qualificatif s'accorde le plus souvent en genre et en nombre avec le nom ou le pronom dont il dépend.

Exemple : des chaussettes <u>sales</u> (féminin pluriel, comme *chaussettes*)

IL EXISTE NÉANMOINS certains cas où l'adjectif reste invariable, notamment :

- **les adjectifs de couleur issus d'un nom** (exemples :

turquoise, ivoire, marron) **ou déterminés par un nom
ou un autre adjectif** (exemples : des yeux <u>bleu clair</u>, des
pulls <u>vert olive</u>)
- **les adjectifs de couleur qualifiant des objets
multicolores** (exemple : des drapeaux bleu blanc rouge)
- **nu-, demi- et mi- lorsqu'ils forment la première
partie d'un mot composé** (exemples : une demi-heure,
des nu-pieds)
- **les adjectifs employés commes adverbes** (exemples :
Ces appareils coûtent assez <u>cher</u>. Vos téléphones
sonnent très <u>fort</u>.)
- **le premier élément des adjectifs composés de
nationalité** (exemples : l'amitié franc<u>o</u>-allemand<u>e</u>, les
accords ital<u>o</u>-américain<u>s</u>)

LORSQUE L'ADJECTIF **se rapporte à plusieurs noms de genres
différents, il s'accorde au masculin pluriel.**

Exemples : une écharpe et un manteau noir<u>s</u>, une branche ou
un bâton pointu<u>s</u>

<u>Attention</u> : Si l'adjectif ne se rapporte qu'à un seul des noms, il
s'accorde alors uniquement avec celui-ci.

Exemple : Pour la sortie de demain, veuillez apporter un
carnet, un stylo et un repas froid. (Seul le repas est froid, donc
l'adjectif ne s'accorde qu'avec *repas*, au masculin singulier).

LORSQUE L'ADJECTIF **se rapporte à un infinitif (ou à un groupe
infinitif), il s'accorde au masculin singulier.**

Exemple : <u>Faire demi-tour ici</u> serait très <u>risqué</u>.

LORSQUE PLUSIEURS ADJECTIFS **se rapportent à un même nom au**

pluriel mais n'en désignent chacun qu'une unité, ils restent au singulier.

Exemples : les <u>premier</u> et <u>troisième</u> jeudis du mois, les mythologies <u>grecque</u>, <u>romaine</u> et <u>nordique</u>

LORSQU'UN ADJECTIF EST UTILISÉ **dans un groupe nominal comportant un nom collectif, il peut s'accorder soit avec le nom collectif, soit avec son complément selon le sens que l'on veut donner à la phrase.**

Exemples : une foule d'élèves massée/massés devant le panneau d'affichage des résultats, une quinzaine d'amis chère/chers à son cœur

L'ADJECTIF *possible* **ne s'accorde généralement pas après** *le mieux, le plus, le moins.*

Exemple : Emportez le plus de vêtements <u>possible</u> !

L'ADJECTIF *grand* **ne s'accorde pas dans certains mots composés.**

Exemples : grand-mère, grand-rue, grand-messe, grand-route, à grand peine

<u>NOTE</u> : Les adjectifs masculins *nouveau, fou, beau, mou* et *vieux* deviennent *nouvel, fol, bel, mol* et *vieil* lorsqu'ils précèdent un mot commencant par une voyelle ou un h muet.

Exemples : un <u>nouvel</u> espoir, un <u>fol</u> amour, un <u>bel</u> hommage, un <u>mol</u> encouragement, un <u>vieil</u> appareil

L'ACCORD DU DÉTERMINANT

 *PARCOURS RAPIDE*

*L*es déterminants s'accordent en genre et en nombre avec les noms qu'ils déterminent.

Exemples : <u>la</u> ville (*ville* est féminin singulier), <u>les</u> amies (*amies* est féminin pluriel)

PARCOURS DETAILLÉ

DANS CERTAINS CAS, c'est grâce au déterminant que l'on connaît le genre ou le nombre du nom.

Exemples : <u>un</u> enfant/<u>une</u> enfant, <u>un</u> voile/<u>une</u> voile, <u>un</u> nez/<u>des</u> nez

A L'OPPOSÉ, certains déterminants ont la même forme au féminin et au masculin.

Exemples : <u>ces</u> personnes/<u>ces</u> gens, <u>son</u> ami/<u>son</u> amie, <u>quelques</u> livres/<u>quelques</u> œuvres

L'ACCORD DU PARTICIPE PASSÉ

PARCOURS RAPIDE

Lorsque le participe passé est employé comme adjectif ou avec l'auxiliaire être, il s'accorde en genre et en nombre avec le nom auquel il se rapporte ou avec le sujet.

Lorsqu'il est employé avec l'auxiliaire avoir, il ne s'accorde que s'il y a un COD et que celui-ci est placé avant le verbe. Dans ce cas l'accord se fait avec le COD et non avec le sujet.

PARCOURS DETAILLÉ

LE PARTICIPE **passé employé comme adjectif :**

Lorsque le participe passé est utilisé comme adjectif, il s'accorde en genre et en nombre avec le nom auquel il se rapporte.

Exemples : Des enfants reposés (masculin pluriel) risquent moins de faire des caprices.

La jeune femme énervée (féminin singulier) ne prit pas le temps de réfléchir avant de prendre sa décision.

Le participe passé employé avec l'auxiliaire être :

Il s'accorde en genre et en nombre avec le sujet.

Exemples : Ils sont venus avec nous au cinéma. (masculin pluriel)

Elles sont arrivées en avance. (féminin pluriel)

Le participe passé employé avec l'auxiliaire avoir :

Les choses se corsent légèrement, car il faut faire la distinction entre trois cas.

– Il n'y a pas de COD

Lorsqu'il n'y a pas de complément d'objet direct, le participe passé reste invariable.

Exemple : Elles (féminin pluriel) avaient décidé (invariable) de dire la vérité à leurs amis.

– Le COD se trouve après le verbe

Lorsque le complément d'objet direct se trouve après le verbe, le participe passé reste également invariable.

Exemples : Ils (masculin pluriel) ont emporté (invariable) toutes leurs affaires (COD).

Elle (féminin singulier) a pris (invariable) la bonne décision (COD).

– Le COD se trouve avant le verbe

Dans ce cas, le participe passé s'accorde en genre et en nombre avec le COD.

Exemples : Les affiches que (COD féminin pluriel) nous avons collées (participe passé au féminin pluriel) en ville ont eu un grand impact sur la fréquentation de notre exposition.

Les accords que (COD masculin pluriel) le guitariste a joués (participe passé au masculin pluriel) ce soir sont très techniques.

Le participe passé des verbes pronominaux :
Il existe à nouveau plusieurs cas qu'il faut bien distinguer.
– Le pronom est le COD du verbe
Lorsque le pronom (me, te, se, nous, vous, se) est le complément d'objet direct du verbe pronominal, le participe passé s'accorde en genre et en nombre avec le sujet.
Exemples : Elles (féminin pluriel) se sont rencontrées (féminin pluriel) pour la première fois quand elles avaient 4 ans. (Qui a rencontré qui ? Elles)

Les billets de concert (masculin pluriel) se sont vendus (masculin pluriel) en quelques minutes à peine. (Qu'est-ce qui s'est vendu ? Les billets de concert)
– Le pronom est le COI du verbe
Lorsque le pronom est le complément d'objet indirect du verbe, le participe passé ne s'accorde pas.
Exemples : Elles se (COI) sont promis (invariable) de ne plus jamais se disputer. (A qui ont-elle promis quelque chose ? A elles-mêmes)

Ils se (COI) sont acheté (invariable) de nouveaux livres. (A qui ont-ils acheté des livres ? A eux-mêmes)
– Note : Si le COD est placé avant le verbe
Le participe passé s'accorde avec le COD si ce dernier est placé avant le verbe.
Exemple : Tu ne sauras jamais les choses terribles (féminin pluriel) que (COD féminin pluriel) je me suis imaginées (féminin pluriel) pendant ton absence.

Le participe passé suivi d'un infinitif :
Pour savoir si le participe passé s'accorde ou non, il faut tout d'abord déterminer qui fait l'action du verbe à l'infinitif.

Si le sujet fait l'action, alors le participe passé s'accorde en genre et en nombre avec ce même sujet.

Exemple : <u>Mon amie</u>, que tu as écout<u>ée</u> <u>chanter</u>, fait partie d'un groupe de musiciens très talentueux.

Dans ce cas, le sujet « mon amie » fait l'action du verbe à l'infinitif « chanter », on accorde donc le participe passé « écoutée » avec le sujet, qui est dans ce cas féminin singulier.

Pour vérifier si le sujet fait l'action, vous pouvez ajouter « en train de » avant l'infinitif.

Exemple : Mon amie, que tu as écoutée <u>en train de</u> chanter, etc.

Si le sujet ne fait pas l'action, alors le participe passé reste invariable.

Exemple : <u>Les objets</u> que j'ai vu <u>vendre</u> dans cette brocante étaient pour la plupart sans intérêt.

Dans ce cas, le sujet « les objets » ne fait pas l'action de « vendre » (ce sont eux qui sont vendus). Le participe passé est donc invariable.

Cas particuliers :

- Si l'infinitif est sous-entendu, le participe passé est toujours invariable.

Exemple : J'ai emporté autant de choses que j'ai pu.

Ici, « emporter » est sous-entendu à la fin de la phrase, le participe passé est donc invariable.

- Le participe passé « fait » suivi d'un infinitif est toujours invariable.

Exemple : <u>Les pièces de théâtre</u> que je vous ai <u>fait lire</u> sont toutes de Shakespeare.

L'ACCORD DU VERBE

 *PARCOURS RAPIDE*

En règle générale, le verbe s'accorde en personne (1ère, 2ème ou 3ème personne) et en nombre (singulier ou pluriel) avec son sujet.

Exemples : J'apprends, tu apprends, il/elle/on apprend, nous apprenons, vous apprenez, ils/elles apprennent

Pour identifier le sujet, on peut se poser les questions « qu'est-ce qui ? » ou « qui est-ce qui ? ». Il peut se trouver juste avant le verbe, mais aussi après le verbe ou très loin du verbe.

Exemples : Marie viendra nous voir demain. C'est demain que viendra Marie. Marie, qui avait téléphoné pour prévenir de sa visite le mois dernier avant de finalement devoir annuler, viendra demain.

Lorsque le verbe est conjugué à un temps composé (passé composé, plus-que-parfait, etc.), c'est l'auxiliaire (être ou avoir) qui s'accorde avec le sujet. Le participe passé s'accorde

quant à lui en obéissant aux règles évoquées au chapitre précédent.

Exemples : Je suis allé, tu étais venu, nous aurions aimé

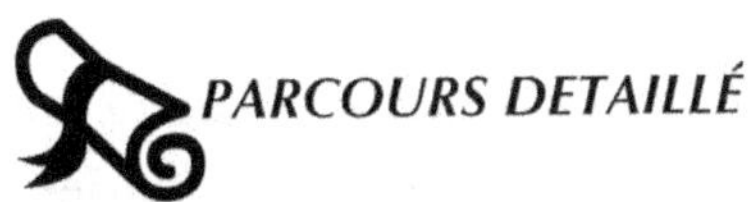 *PARCOURS DETAILLÉ*

CAS PARTICULIERS :

– Dans les **tournures impersonnelles**, le sujet est toujours le pronom « il » (troisième personne du singulier).

Exemples : Il se passe des choses étranges. Il pleut à grosses gouttes.

– Lorsque le verbe a **plusieurs sujets au singulier** (qui représentent des choses ou des personnes différentes), il se met au pluriel.

Exemple : Mon frère, ma mère et mon père viendront pour les fêtes de fin d'année.

– Lorsque **le sujet est *qui*** (pronom relatif), le verbe s'accorde avec l'antécédent.

Exemple : Ce sont eux qui viendront vous aider.

– Lorsqu'**un des sujets est un pronom personnel**, le verbe s'accorde aux première, deuxième ou troisième personnes du pluriel si on peut remplacer les sujets respectivement par *nous, vous* ou *ils/elles/eux*.

Exemples : Mon frère et moi (= nous) irons au cinéma cet après-midi. Ta soeur et toi (= vous) avez déjà vu ce film. Mes amis et lui (= ils) nous rejoindront plus tard.

– Si **le groupe sujet comporte un nom collectif** précédé de « un » ou « une » (foule, bande, groupe, troupe, nuée, etc.), le verbe peut s'accorder avec le collectif (au singulier) ou avec le complément (au pluriel).

Exemples : Une foule de spectateurs a assisté au spectacle. Une foule de spectateurs ont assisté au spectacle.

– Si **le groupe sujet comporte un quantitatif** (beaucoup de, peu de, la plupart de, bon nombre de, la moitié de, etc.), le verbe s'accorde avec le complément.

Exemples : Beaucoup d'enfants sont venus. Peu de temps était nécessaire. Peu de gens se sont exprimés.

– Si **le groupe sujet comporte un numéral** (autre que un ou zéro), le verbe est le plus souvent au pluriel, sauf si l'on veut mettre l'accent sur l'idée globale représentée par le groupe sujet.

Exemples : Trois jours devraient suffire pour lire ce livre. Vingt kilomètres est beaucoup trop long, je ne peux pas courir une telle distance.

CINQUIÈME PARTIE — LA PONCTUATION

Les signes de ponctuation ont chacun un rôle précis dans la phrase et donnent du rythme au texte.

LES DIFFÉRENTS SIGNES DE PONCTUATION

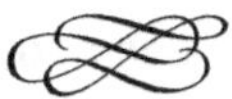

PARCOURS RAPIDE

Il existe dix signes de ponctuation : la **virgule**, le **point-virgule**, le **point**, les **deux points**, les **points de suspension**, le **point d'interrogation**, le **point d'exclamation**, les **parenthèses**, les **guillemets** et les **tirets**.

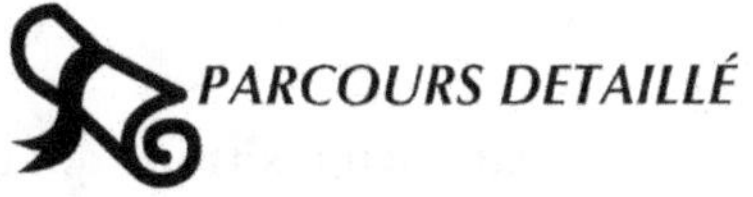

PARCOURS DETAILLÉ

LA VIRGULE :

– Lorsqu'elle est à l'intérieur d'un groupe, elle permet d'**éviter de répéter une conjonction de coordination** (par exemple *et, ou*) qui n'apparaît alors qu'une seule fois, à la fin de l'énumération.

Exemples : J'aime les bonbons, les gâteaux et le chocolat. Je pense partir visiter l'Italie, l'Angleterre, le Japon ou la Nouvelle-Zélande.

– Lorsqu'elle est à l'intérieur d'une phrase, elle permet **d'insérer, entre le sujet et le verbe, un complément d'information** sur le sujet.

Exemples : L'enfant, qui n'avait plus faim, reposa sa tartine sur la table. Le jeune femme, éblouie par le soleil, ferma les yeux un instant.

– Elle permet de **séparer des propositions** pour indiquer une succession chronologique ou au contraire une liste d'actions simultanées.

Exemple : Elle arriva, sortit de la voiture, avança vers la porte et sonna.

– Elle peut également **indiquer une relation logique entre deux propositions**.

Exemples : Elle m'appelle, je lui réponds. Il freina sur la glace, la voiture dérapa.

– Enfin, elle permet de **mettre un élément de la phrase en valeur** en le déplaçant en début de phrase par exemple.

Exemples : Toi, tu n'as peur de rien. De l'autre côté de la rue, des enfants avaient entamé une partie de football.

Prononciation : la virgule provoque une courte pause dans la lecture de la phrase, sans toutefois que la voix baisse.

LE POINT-VIRGULE :

Il permet de **séparer deux propositions** qui ont généralement entre elles une relation logique. On ne peut donc pas mettre de point-virgule n'importe où. Chacune des propositions séparées par le point-virgule pourrait être une phrase indépendante.

Exemples : Elle entra dans la cuisine ; le petit-déjeuner était prêt. Il avait froid ; il se servit un café.

Prononciation : On marque une pause un peu plus longue qu'avec une virgule, et la voix baisse, mais pas totalement.

Le point indique que **la phrase est terminée**. Vous vous souvenez certainement d'ailleurs de cette phrase que l'on répète à tous les enfants qui apprennent le français : « Une phrase commence par une majuscule et se termine par un point. »

Exemple : Ce livre est plein d'exemples de phrases se terminant par un point.

Prononciation : La voix descend complètement et on marque une pause assez longue avant de commencer la phrase suivante, qui exprime généralement une idée nouvelle.

LES DEUX POINTS :

– Ils permettent d'introduire une **énumération**.

Exemple : J'ai déjà visité les pays suivants : l'Espagne, l'Irlande, l'Italie et le Japon.

– Ils permettent aussi de **citer les paroles de quelqu'un**.

Exemple : Il s'est soudain mis à crier : « Attention ! Derrière toi ! »

– Ils permettent d'**introduire une explication**.

Exemple : Il s'est endormi sur sa chaise : il n'avait pas beaucoup dormi la nuit précédente.

Prononciation : La voix ne baisse pas, ou très légèrement, et on marque une courte pause.

LES POINTS DE SUSPENSION :

– Ils peuvent avoir le **même sens qu'** « **etc.** » lorsqu'on les trouve à la fin d'une énumération qu'on ne veut pas trop allonger.

Exemple : Ils avaient tout emporté pour le pique-nique : les salades, le pain, le fromage, les boissons…

– Ils permettent de **suggérer une suite, un sous-entendu** ou un commentaire compréhensible par celui qui entend ou lit la phrase.

Exemple : Une fois de plus, il était en retard… (sous-entendu : j'en ai marre qu'il soit toujours en retard)

Prononciation : La voix reste haute et on fait durer la dernière syllabe.

Le point d'interrogation :

Il est utilisé à la fin d'une **phrase interrogative**, lorsqu'il s'agit d'une interrogation directe. **La voix monte en fin de phrase.**

Exemples : Est-ce que tu viens ce soir ? Quand doit-il arriver à la gare ?

Il m'a demandé si je venais ce soir. (interrogation indirecte, pas de point d'interrogation)

Le point d'exclamation :

Il se place **à la fin d'une phrase dans laquelle on exprime la surprise, l'admiration, un souhait, la colère, l'incrédulité, l'exaspération** ou encore lorsqu'on donne un ordre ou que l'on interpelle quelqu'un. **La voix monte en fin de phrase.**

Exemples : Viens ici ! Tu es déjà là, ce n'est pas possible ! Ce bébé est si mignon ! Encore de la pluie, je n'en peux plus !

Les parenthèses :

Elles servent à **isoler une information à l'intérieur de la phrase.** Ce qui se trouve entre les parenthèses est souvent une réflexion que fait celui qui écrit, ou une précision qu'il apporte. Pour éviter d'alourdir la phrase ou de perdre votre lecteur, évitez d'abuser des parenthèses et veillez à ce que leur contenu ne soit pas trop long.

Exemples : Sa mère (que je voyais à ce moment pour la première fois) m'apparut comme une femme méchante et désagréable. Il trébucha en entrant dans la pièce (sa maladresse était légendaire) et se rattrapa de justesse.

Les guillemets :

Ils servent dans la majeure partie des cas à **citer les paroles de quelqu'un**, et sont le plus souvent précédés par deux points.

Exemple : Il dit alors : « Ne rentrez pas trop tard ! »

Les guillemets permettent également de **mettre en relief un mot ou une expression**, de signaler qu'un mot n'est pas utilisé dans son sens habituel, ou encore de marquer l'ironie.

Exemples : Il est venu la chercher à bord de sa « voiture de rêve ». Peu motivé pour cuisiner, il a commencé un nouveau « régime » à base de pizzas et de chips.

Les tirets :

Utilisés dans un **dialogue**, les tirets signifient que l'on change d'interlocuteur.

Exemple : – Comment s'est passé ton voyage au Japon ?

– Très bien, merci ! Et toi, quand as-tu prévu des vacances ?

– Dans deux semaines. Je vais partir au Maroc !

Quand ils encadrent une partie de phrase, les tirets jouent un **rôle similaire à celui des parenthèses**.

Exemple : Juan — éternel séducteur — s'avança vers la jeune femme en souriant d'un air mystérieux.

PONCTUATION ET TYPOGRAPHIE

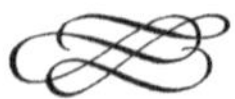

(OU COMMENT BIEN UTILISER LES ESPACES LORSQUE VOUS TAPEZ UN TEXTE)

Une petite précision avant de commencer : lorsqu'il s'agit d'imprimerie, le mot *espace* **est féminin**, même si en informatique et dans l'usage courant il est masculin.

EN RÈGLE GÉNÉRALE, **on dit "signe simple, espace simple" (après), et "signe double, espace double".**

Les signes simples sont la virgule, le point et les points de suspension, tandis que les signes doubles sont le point-virgule, les deux points, le point d'exclamation et le point d'interrogation.

– Signe simple, **espace simple :**

Les signes simples (signes bas) sont la **virgule**, le **point** et les **points de suspension.**

Pas d'espace avant, une espace après.

Exemples : Dans le train je lis, j'écoute de la musique ou je regarde des films. Parfois je me contente de rêver…

Note : Le **symbole degré** (°) et l'**astérisque (*)** obéissent à la même règle, sauf s'ils sont suivis par un signe simple, auquel cas l'espace qui devait suivre disparaît. Exemples : Il faisait près de 30° C*.

* environ 86° F.

– Signe double, **espace double :**

Les signes doubles (signes hauts) sont le **point-virgule**, le **double point**, le **point d'exclamation** et le **point d'interrogation.**

Une espace avant, une espace après.

Exemples : Mince ! Mais que fait-il ? Ah, je comprends maintenant : il a glissé ; il n'a pas réussi à se relever.

Note : Le **symbole pourcentage (%)** obéit à la même règle, sauf s'il est suivi par un signe simple, auquel cas l'espace qui devait suivre disparaît.

Exemples : J'ai dû calculer 5 % de 50. La réduction dont j'ai bénéficié au magasin est de 25 %.

– Parenthèses (), **crochets [], accolades {}:**

Pas d'espace à l'intérieur, des espaces à l'extérieur.

Exemple : J'avais emporté un nécessaire d'urgence (pansements, désinfectant) afin de parer à toute éventualité.

– **G**UILLEMETS :

Les **guillemets droits** et les **guillemets à l'anglaise** suivent la règle suivante :

Pas d'espace à l'intérieur, des espaces à l'extérieur (sauf si une ponctuation simple suit le guillemet).

Les **guillemets à la française** (« ») suivent une règle différente :

des espaces à l'intérieur et à l'extérieur (sauf si une ponctuation simple suit le guillemet).

– **T**IRETS :

Il existe **3 sortes de tirets**, et chacune obéit à sa propre règle.

Le tiret du **trait d'union** et des **mots composés** n'est ni précédé ni suivi par une espace.

Exemple : Il faisait généralement une sieste l'après-midi, c'est-à-dire entre 14 et 15 heures.

Le **tiret des listes** et des **dialogues** est seulement suivi par une espace.

Exemple : – Comment allez-vous?

– Je vais bien, merci, et vous-même ?

– Très bien, merci.

Le **tiret des incises** est précédé et suivi par des espaces.

Exemple : Sa mère — qu'elle n'avait pas vue depuis des semaines — l'attendait à l'aéroport.

– **D**IVERS :

La **barre oblique** (ou *slash*) (/) et l'**apostrophe** (') ne sont ni suivies ni précédées par des espaces.

Exemple : L'Espagne/l'Italie/la France sont des pays d'Europe.

On laisse une espace entre un chiffre/nombre et le symbole de l'unité qui suit.

Exemples : 3 cm, 10 €, 5,95 $

MESSAGE POUR LE LECTEUR

Je vous remercie chaleureusement d'avoir acheté et lu ce livre. C'est uniquement grâce à votre soutien que des projets comme Gramemo peuvent voir le jour et prendre de l'ampleur !

Si ce livre vous a été utile, pourriez-vous s'il vous plaît prendre quelques instants pour laisser un commentaire sur le livre sur Amazon ? De cette manière il deviendra plus visible et pourra permettre à d'autres personnes de s'améliorer, mais aussi à de prochains volumes d'être publiés dans cette collection. Les commentaires clients figurent en effet parmi les meilleurs moyens pour soutenir les projets publiés de manière indépendante, comme le nôtre.

Pour découvrir chaque semaine une nouvelle fiche de grammaire, voici quelques endroits où vous pouvez vous connecter avec Gramemo :

- le site et le blog sur www.gramemo.org
- la page Facebook Gramemo
- le fil Twitter @gramemo
- le compte Pinterest Gramemo
- le compte Instagram @gramemoofficiel
- le Tumblr Gramemo

A très bientôt !

Christelle Molon

NEWSLETTER

REJOIGNEZ LA COMMUNAUTE GRAMEMO
Comme plusieurs milliers de lecteurs
de la newsletter Gramemo, vous recevrez **gratuitement** chaque
mois par e-mail nos derniers articles, du contenu inédit mais aussi
des cadeaux et des informations en avant-première sur les
nouveautés à paraître.

**Inscrivez-vous en quelques secondes sur
www.gramemo.org/newsletter**

Vous allez maintenant découvrir une fiche extraite du livre
Gramemo – 40 fiches ultra-pratiques pour améliorer
immédiatement votre grammaire

LANGUES, NATIONALITÉS ET HABITANTS

Français ou français?

Savez-vous quand il faut écrire « français » avec une majuscule? Sans majuscule?

La règle est très simple:

– « Français » prend une majuscule lorsqu'on parle des habitants de la France, tandis que

– « français » prend une minuscule lorsqu'il s'agit de la langue (« J'aimerais apprendre le français ») ou d'un adjectif (« J'aime le pain français »).

Bien entendu, cette règle s'applique à toutes les nationalités: « Les Allemands parlent allemand, les Américains parlent anglais et tout le monde aime la cuisine italienne, n'est-ce pas? »

On met une majuscule lorsqu'on parle des habitants (personnes)
Les Irlandais habitent une île magnifique.
Français
Le chinois est une langue difficile.
ou
Je suis passionné par la culture japonaise.
français
on laisse une minuscule lorsqu'il s'agit d'un adjectif ou de la langue
retrouvez d'autres fiches sur www.gramemo.org
gramemo

À PROPOS DE L'AUTEUR

Christelle Molon vit dans le nord-est de la France. Passionnée de mots et de lecture depuis son plus jeune âge, elle a décidé de conjuguer son intérêt pour la grammaire, le design et les « nouvelles » technologies afin de permettre au plus grand nombre de s'améliorer enfin (et sans douleur) en grammaire et en français en général.

En dehors de Gramemo, elle consacre son temps libre à sa famille, à la lecture, à l'écriture, à la photographie, aux voyages et à la créativité en général.

Pour en savoir plus :

www.gramemo.org
contact@gramemo.org